비즈니스 매너에 날개를 달자
Business Manners

비즈니스 매너에 날개를 달자

친절은 세상을 움직이는 가장 강력한 힘이다.

Business Manners

강희선 지음
(한국서비스에듀센터 대표)

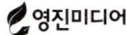
영진미디어

Prologue

　　필자는 현재 나는 산업교육 현장에서 교육 강사 및 컨설던트로 활동하고 있다. 그러기에 나는 사람들이 자신의 일(직업)에 대하여 어떠한 생각을 갖고 있고, 또한 그 일을 얼마나 소중하게 여기는지 정말 궁금하다. 그래서 종종 강의를 시작하면서 교육생들을 향해 "당신은 무슨 일을 하는 사람입니까?"라고 질문을 던진다. 얼마 전 모 종합병원 직원들을 대상으로 교육을 할 때였다. 그날도 교육생들에게 "여러분은 어떠한 일을 하고 있나요? 고객들을 위해 무슨 일을 하는 사람입니까?"라고 물었다. 첫 번째 교육생은 "부모님의 권유로 이 일을 시작하게 되었는데 응급실에서 근무를 하고 있습니다."라고 대답했다. 하지만 이는 내가 기대한 답이 아니었기에 다른 교육생에게 같은 질문을 던져보았다. 다음 사람은 왜 이런 질문을 느닷없이 던지는지 귀찮아하는 표정으로 "정형외과에서 환자들의 치료와 재활을 도와주고 있습니다."라고 대답했다. 역시 기대했던 대답과 조금은 거리가 있었다. 세 번째 직원은 내가 다가가자 환한 미소를 지으면서 "저는 고객의 눈과 빛이 되어 세상을 아름답게 바라볼 수 있도록 도와주는 고객 도우미이며 안과에서 일을 하고 있습니다."라고 말했다.

같은 환경 속에서 근무하고 있지만 제각기 다르게 대답하는 세 사람을 통해서 느낄 수 있듯이 자신의 일을 대하는 마음 자세와 열정은 각기 다르며, 이러한 생각의 차이에 따라 타인에게 비치는 모습 또한 다르게 다가온다. 자신의 일에 대하여 단순히 맡겨진, 해야 되는 업무가 아니라 내가 꼭 해야 하는, 소중한 가치가 있는 일이라고 인식하는 사람만이 행복해질 수 있고 상대방에게도 행복을 가져다주는 결과를 만들어낸다.

필자 역시 스스로에게 "나는 무엇을 하는 사람인가?"라고 종종 자문해 본다. 여러분이 나에게 "당신은 무엇을 하는 사람인가?"라고 물어 온다면 나는 단순히 '남들을 가르치는 직업을 갖고 있는 사람'이라고 말하지 않는다. "사람들이 행복한 직장 생활과 사회생활을 하는 데 도움을 주는 인생 설계 디자이너이며, 고객들에게 사랑을 받을 수 있도록 도와주는 비즈니스 파트너입니다."라고 대답한다. 내 일을 거창하고 멋지게 보이려고 만들어낸 대답이 아니라 실제로 항상 이런 생각을 하며 일에 임하고 있다.

외식업 종사자가 음식만 파는 것이 아니라 건강을 파는 사람이라고 생각할 때 만드는 음식에 더욱 정성이 들어갈 것이며, 여행업 종사자가 단순히 여행 상품을 판매한다기보다는 고객에게 좋은 추억과 문화를 제공하는 사람이라고 자부할 때 고객을 더욱더 사랑하게 되는 것과 같다.

필자 역시 내 직업에 대한 정의를 새롭게 내리자 일을 대하는 남다른 열정을 갖게 되었고 기존의 태도 또한 달라졌다. 지금은 아무리 멀고 찾아가기 어려운 지방 기업에서 강의 요청을 하더라도 흔쾌히 수락하고 새벽 4시에 기꺼이 집을 나선다. 멀리서도 나를 찾아주는 고객들이 있다는 사실이 감사할 뿐이다. 그렇게 먼 곳에서도 나를 알아주다니 내가 꽤 유명해졌나 보다며 스스로를 치켜세우며 즐겁게 일을 한다. 찾아가기 쉽고 조건이 좋은 회사 교육만 고집하지 않는 내 자신에게 인간적이라고 스스로 칭찬까지 해가면서….

사람들은 인생을 거의 다 살고 난 후에야 "그때 제대로 했어야 했는데…."라며 후회를 많이 한다. 필자도 지금 느낀 이 사실을 진작 알고 실천했더라면 더 좋았을 것이다.

실력만 있으면 되지 이미지는 무슨 얼어 죽을 이미지라고 반문하는 사람, 상품만 최고면 되지 무슨 친절이고 서비스가 필요하냐고 생각하는 사람, 환경이 바뀌고 새로운 일을 시작하는 출발점에서 따뜻하고 좋은 이미지가 필요한 사람, 행복한 직장 생활을 사람들과 더불어 즐겁게 하고자 하는 모든 사람, 실력은 좋은데 내게는 왜 기회가 오지 않을까 궁금해 하는 사람이 더욱 공감할 수 있는 책이라고 확신한다. 실력은 사람의 몸을 움직일 수는 있지만 사람의 마음을 움직일 수 없다. 진정으로 성공하기 위해서는 자신의 실력뿐 아니라 누군가의 도움이 절실히 요구된다. 성공한 사람들 곁에는 반드시 협력자가 있다는 사실이 이를 증명한다. 주변을 둘러보며 좋은 매너와 인간관계를 갖출 수 있을 때 행복한 자아 실현이 가능해지며 성공에 더욱 다가갈 수 있을 것이다.

여러분의 오늘은 어떠한가? 지금 상황이 어렵다고 생각하는가? 주저앉고 싶다고 생각한 적은 없는가? 어둠이 지나야만 밝은 아침이 오고, 비가 내린 뒤에 무지개가 뜬다. 만약 지금 힘들다고 느낀다면 밝은 아침을 보기 위한 과정이고 찬란한 무지개를 보기 위한 인내의 시간이라고 생각하라.

지금 곁에 있는 사람 때문에 언제까지 열 받고 짜증을 낼 것인가? 나를 짜증나게 하는 사람과 상황을 극복할 때 비로소 자신이 단련되는 것이며 각양각색의 사람과 만나면서 '이 세상은 참 재미있는 곳'이라는 긍정적 시각으로 바뀔 수 있으며 자기 자신의 긍정성 안에서 새로운 기회도 찾아올 수 있다.

이렇듯 우리는 하나하나의 만남 속에서 조금씩 성장해 가고 있으며 사람이 사람을 도와주고 있음을 알고 인간관계와 자신의 매너를 생활 속에서 실천하고 타인을 배려해야 한다.

산업교육 업계에서 일을 시작한 지 벌써 15년이란 세월이 흘렀다. 필자 또한 여러 사람의 도움으로 이 자리에 설 수 있었다. 일일이 찾아뵙고 감사를 드리지 못하지만 진심으로 감사한 마음을 전하고 싶다.

이 책이 나올 수 있도록 적극적으로 권유하며 도와준 남편과 엄마를 누구보다 사랑해주는 예쁜 채린과 채원이, 나를 믿고 헌신적으로 뒷바라지해 주시는 시어머니께 눈물겨운 애정과 고마움을 전한다.

한국서비스에듀센터 대표 강희선

이 책 의 구 성

　이 책에서는 사회생활을 하면서 미리 알고 실천하면 좋을 14개 사항을 제시한다. 제한된 시간과 상황으로 인해 교육 현장에서 다 전달하지 못했던 내용을 전달할 것이다. 특히 어려운 이론보다는 사회생활을 하면서 쉽게 실천할 수 있는 구체적인 지침을 제공하는 데 초점을 두었다.
　각 장마다 생각 열기, 연습하기, 실천하기, 점검하기 네 가지 단계로 나누어 구성하였다.

생각 열기는 각 장에서 전달하고자 하는 내용을 에피소드를 통해 쉽게 이해하고 마음을 다질 수 있는 내용이다.

연습하기는 행동 지침을 적용하고 훈련하여 몸에 익힐 수 있도록 하였다.

실천하기는 생활 속에서 실천할 수 있는 요령과 법칙을 제시하였다.

점검하기는 자신의 현재 상태를 체크하고 진단하여 더 나은 모습으로 개선시켜 나갈 수 있도록 했다.

C O N T E N T S

01 **Image**
좋은 이미지는 사람을 부른다   014

생각열기 | 자신의 브랜드 가치, 이미지를 경영하라 | 016
연습하기 | 좋은 이미지 갖기 | 019
실천하기 | 첫인상 법칙 인지하기 | 024
점검하기 | 좋은 이미지 체크리스트 | 028

02 **Kindness**
친절은 그 후로도 오랫동안 추억이 된다   030

생각열기 | 고객을 내쫓는 직원과 고객을 부르는 직원 | 032
연습하기 | 친절에는 보상이 따른다 | 036
실천하기 | 친절 서비스 이익 원칙 | 039
점검하기 | 친절 체크리스트 | 042

03 **Manners**
매너는 경쟁력이다   044

생각열기 | 좋은 매너는 성공의 원천이다 | 046
연습하기 | 좋은 매너를 위한 다섯 가지 | 049
실천하기 | 좋은 매너는 관계의 시작이다 | 053
점검하기 | 매너 체크리스트 | 056

04 Smile
그래도 웃음 지어야 한다   058

- **생각열기** | 표정은 하루아침에 만들어지지 않는다 | 060
- **연습하기** | 웃기 때문에 즐거워진다 | 064
- **실천하기** | 웃고 또 웃어라 | 068
- **점검하기** | 스마일 체크리스트 | 070

05 Greeting
좋은 인사는 호감을 준다   072

- **생각열기** | 친절한 인사는 강도도 물리친다 | 074
- **연습하기** | 바른 인사와 바르지 못한 인사 | 077
- **실천하기** | 상황에 따라 달라지는 인사법 | 081
- **점검하기** | 인사 체크리스트 | 086

06 Grooming
용모와 복장은 나를 알리는 명함이다   088

- **생각열기** | 당당해지려면 제대로 갖춰 입어라 | 090
- **연습하기** | 남성이 갖춰야 할 용모와 복장 | 095
- **연습하기** | 여성이 갖춰야 할 용모와 복장 | 097
- **실천하기** | 남성을 위한 체형별 코디네이션 | 099
- **실천하기** | 여성을 위한 체형별 코디네이션 | 101
- **점검하기** | 용모·복장 체크리스트 | 103

07 Communication
가는 말이 고와야 오는 말이 곱다 106

생각열기 | 대화의 기술을 익혀라 | **108**
연습하기 | 목소리를 의식하라 | **111**
실천하기 | 반대 의견을 제시하려면 일단 긍정하라 | **115**
점검하기 | 대화 예절 체크리스트 | **118**

08 Attitude
자신의 가치를 높이는 바른 자세 120

생각열기 | 바른 자세는 이미지를 돋보이게 만든다 | **122**
연습하기 | 걸음걸이는 품격이다 | **125**
실천하기 | 발표 자세에도 주의를 기울여라 | **130**
점검하기 | 바른 자세 체크리스트 | **134**

09 Listening
성공하려면 경청하라 136

생각열기 | 대화의 시작은 듣기이다 | **138**
연습하기 | 상대의 입을 열려면 나의 표정부터 열어라 | **142**
실천하기 | 호의적인 태도로 들어라 | **144**
점검하기 | 경청 체크리스트 | **148**

10 Biz Manners
비즈니스 매너에 날개를 달자 — 150

- **생각열기** | 좋은 매너는 회사의 신뢰감을 얻어낸다 | **152**
- **연습하기** | 명함 주고받기와 소개하기 | **155**
- **실천하기** | 명함 관리는 인맥 관리이다 | **160**
- **점검하기** | 비즈니스 매너 체크리스트 | **164**

11 Telephone beauty
상상 속의 그대는 전화 미인! — 166

- **생각열기** | 전화 미인 되세요 | **168**
- **연습하기** | 전화 미인 되는 법 | **172**
- **실천하기** | 전화 예절 3대 원칙 | **175**
- **점검하기** | 전화 매너 체크리스트 | **180**

12 Mind
내가 회사 대표라는 마음을 가져라 — 182

- **생각열기** | 회사를 나가는 순간 당신이 회사이다 | **184**
- **연습하기** | 배려하며 행동하라 | **187**
- **실천하기** | 좁은 공간에서의 배려와 아름다운 마음씨 | **191**
- **점검하기** | 직장인으로서의 마인드 체크리스트 | **194**

13 Happiness
행복한 인생 만들기　　　　　196

- 생각열기 | 행복은 마음속에 있다 | **198**
- 연습하기 | 나의 멘토를 찾고, 나 역시 누군가의 멘토가 되자 | **201**
- 실천하기 | 모르는 것을 인정하고 끊임없이 배워라 | **204**
- 점검하기 | 행복한 인생 체크리스트 | **210**

14 Practice
실천이 힘이다　　　　　212

- 생각열기 | 목표는 삶을 비쳐주는 등대이다 | **214**
- 연습하기 | 자신의 비전을 구체화하라 | **218**
- 실천하기 | 꿈은 실천을 통해 현실이 된다 | **223**
- 점검하기 | 실천 체크리스트 | **226**

좋은 이미지는 사람을 부른다

Image

1

자신의 브랜드 가치, 이미지를 경영하라

첫인상에 따라 사람의 운명이 결정된다고 하면 지나친 억측일까?
잔뜩 기대를 품고 나간 소개팅 자리. 어떤 사람과 만나게 될지 무척 기대가 클 것이다. 그러나 막상 상대방을 보는 순간 '어머나, 꽝이야.'라고 실망했던 경우는 없는가? 이와는 반대로 인사도 채 나누지 않았는데도 상대방을 보자마자 '와, 너무 괜찮다~, 역시! 나오길 잘 했어.' 라며 가슴이 설레었던 적도 있을 것이다. 이처럼 첫인상은 상대방의 모습을 보는 순간, 즉 상대방의 목소리를 듣기도 전에 먼저 느낌으로 다가온다. 따라서 첫인상은 느낌이며, 첫인상의 느낌은 좋고 봐야 한다.

첫인상은 순간이다

그렇다면 어떤 사람을 처음 만났을 때 첫인상이 결정되는 데는 얼마의 시간이 걸릴까? 사람마다 첫인상에 대해 느끼는 시간차는 다를 수 있지만 대부분 첫인상은 1초 정도의 극히 짧은 순간에 결정된다. 정지된 화상을 보는 것은 1초면 충분하다. 첫 만남에서 상대방에게 어떤 인상을 주느냐가 향후의 인간관계에 깊은 영향을 끼친다는 점에서 볼 때 자신의 장점을 부각시키고 좋은 느낌을 줄 수 있도록 첫인상을 가꾸기 위해 노력해야 한다.

물론 첫인상만 좋다고 해서 모든 일이 술술 해결되는 것은 아니다. 하지만 타인에게 호감을 주는 좋은 이미지는 동일한 실력을 가진 사람들끼리의 경쟁에서 우위를 점할 수 있는 요소로 작용하기 때문에 중요하다.

한 예로 취업 면접 때 동일한 실력을 가지고 있는 사람일지라도 표정이 어둡고 동작이 작은 사람은 소극적으로 비치므로 좋은 점수를 받기 어렵다. 반면 밝고 유쾌한 표정을 짓는 사람은 긍정적인 이미지로 비쳐 상대적으로 높은 점수를 받을 확률이 높다. 또한 우리가 가게에서 물건을 고를 때도 마찬가지다. 두 개의 상품이 비슷한 가격과 품질이라면 디자인이 예쁘고 느낌이 좋은 것을 선택하는 것이 인지상정이다.

결국 상대방에게 자신의 능력을 보이고 기회를 얻으려면 첫 이미지가 좋아야 한다.

여러분이 지금 어떤 영업 사원과 마주 앉아 있다고 가정해 보자. 그런데 그 영업 사원을 보니 구부정한 자세로 앉아 '나 어제 한잔 했거든.' 하는 게 슴츠레한 표정을 짓고 있다. 이렇게 첫인상이 별로라면 그가 소개하는 상품이 아무리 마음에 들어도 선뜻 구매하고픈 생각이 들지 않을 것이다.

보험이나 자동차 등 각 분야의 판매왕들은 한결같이 이렇게 강조한다.

"나는 물건을 팔고자, 영업을 하고자 고객을 만나지만 고객은 상품 이전에 나의 이미지에 더욱 관심이 많다."

이 말은 상품을 파는 사람이 얼마나 믿을 만한 이미지를 갖고 있는지, 고객에게 신뢰감을 주는지에 따라 고객이 물건을 구입할 수도, 하지 않을 수도 있다는 뜻이다. 즉 직원의 이미지가 고객에게 호감을 주고 좋은 느낌으로 다가간다면 고객은 그 회사나 상품에 관심을 보이며 구매할 확률이 높아지지만, 직원의 이미지가 나쁘다면 상대방은 그 회사나 상품에 관심조차 갖지 않는다는 얘기이다. 결국 상대방에게 보여주는 자신의 긍정적 이미지가 바로 신뢰감과 계약으로 연결되는 것이다.

사회학자인 메긴슨L. C. Megginson은 "첫 만남, 즉 첫인상에서 호감을 주면 심리적 계약이 발전하여 신뢰가 형성되고 영향력이 커지지만, 만약 거부감을 주면 계약 발전에 실패하여 관계가 정지된다."라고 강조했다. 처음에 인식된 정보가 나중에 뒤따르는 정보보다 인지자의 판단에 훨씬 강하고 큰 영향력을 발휘하기 때문이다. 첫인상이 그만큼 강하게 다가온다는 말이다. 심리학자들은 이를 일컬어 '초두 효과primary effect'라고 하며 첫인상의 중요성을 강조하고 있다. 이렇듯 동일한 상황과 동일한 실력이라면 좋은 이미지는 확실히 자신의 경쟁력이다.

좋은 이미지는 좋은 인간관계를 유지시키고 개인의 성공을 돕는 열쇠임을 기억하라. 대부분 사람들의 실력이 상향 평준화되어 상호 간에 변별력이 없어져 가고 있는 요즘 이미지의 중요성이 더욱 커지고 있다. 따라서 자신의 브랜드 가치를 높이기 위한 전략적이고 지속적인 이미지 경영은 성공을 위한 필수 조건이다.

자신을 매력적으로 표현하고자 하는 자기 진단에서 출발하여 구체적으로 자신을 가장 훌륭하게 디자인하여 최상의 모습을 끌어내야 한다.

좋은 이미지 갖기

12년 동안 세계 최고 자동차 판매왕 자리를 지켜 기네스북에 기록된 지라드Girad의 뛰어난 영업 실적의 비결은 의외로 단순했다. 그는 '고객은 그들이 좋아하는 영업 사원에게서 차를 구입한다.'를 좌우명으로 삼아 자동차를 팔기에 앞서 고객에게 호감을 주기 위해, 즉 자신의 좋은 이미지를 심어주기 위해 노력했다고 한다.

또한 애리조나 주립대의 심리학과 교수인 로버트 치알디니Robert B. Cialdini는 6가지 설득의 법칙 중 하나로 '호감의 법칙'을 꼽았다.

호감은 타인의 마음을 긍정적으로 움직일 수 있는 힘을 가지고 있다. 상대방에게 호감을 주는 이미지를 가꾸기 위해서는 어떤 연습을 해야 할까?

보는 순간 말을 한다

미국의 행동 심리학자인 앨버트 메라비언Albert Mehrabian은 상대방으로부터 받는 이미지에 대해 시각적 요소 55%, 음성적 요소 38%, 그리고 그 사람이 하는 말의 내용을 7%로 보았다.

첫인상은 말을 나누기 전에 외적으로 보이는 극히 제한된 시각적인 정보로 인해 바로 결정된다. 선생님, 공무원, 의사, 영업 사원, 서비스 맨, 변호사, 승무원, 비서, 연구원, 기자 등 직업에 따라 가중치는 달라질 수 있으나 거의 비슷한 비율로 평가를 받는다. 사람을 보는 바로 그 순간, 극히 짧은 시간에 보여지는 느낌만으로 인상의 반 이상이 결정된다면 보여지는 부분을 소홀히 관리할 수는 없다.

물론 대화를 하면 할수록 괜찮은 사람도 있다. 그러나 상대방을 보는 순간에 좋은 느낌이 들어야 대화를 나누고 싶은 감정이 생기는 것이고, 상대방의 느낌이 좋지 않다면 호의적인 마음으로 대화를 하기는 어려운 것이 인지상정이다. 그렇다고 해서 좋은 시각적 이미지란 '얼짱'이나 '몸짱'만을 뜻하는 것은 아니다. 명품 옷을 입었다고 해서 모두 고급스러운 이미지로 비치는 것은 아니다. 잘생긴 얼굴과 날씬한 몸매가 시각적으로 좋은 인상을 주는 데 보탬은 되겠지만, 좋은 인상이란 얼굴의 생김새나 체형만을 의미하는 것이 아니다. 잘생긴 얼굴보다 따뜻하고 미소 띤 얼굴 표정, 값비싼 옷보다는 자신의 체형이나 상황에 맞춰 단정하게 입은 복장이 여러분의 이미지를 돋보이게 한다.

제아무리 천하미인 양귀비라고 하여도, 잘생긴 레오나르도 디카프리오Leonardo Wilhelm DiCaprio라고 하여도 무뚝뚝하고 쌀쌀한 표정을 짓고 있다면 얼굴 가득 따뜻한 미소를 짓고 있는 사람을 당할 수 없다. 아무리 값비싼 명품으로 치장했다고 해도 지속적으로 자신의 외모를 성실하게 가꾸는 사람 앞에서는 초라해진다.

타인에게 호감을 주는 이미지는 얼굴의 생김새나 어떤 옷을 입느냐의 단순한 문제가 아니다. 긴 시간을 두고 부드러운 표정을 유지할 수 있도록 자신의 일상생활 속에서 실천하여 언제 어디서나 신뢰감 있는 모습을 연출할 수 있어야 한다. 외모를 가꾸는 데 충실한 사람은 자기 관리를 잘하는 사람이고 성실한 사람이라고 생각되기 때문이다. 매사에 그런 모습이 자연스럽게 나올 때 상대방은 여러분을 훨씬 더 편안하게 느낄 것이며 여러분에게 만남을 요청할 것이다.

나의 이미지를 어떻게 관리하고 보여주느냐에 따라서 타인에게 미치는 영향은 긍정적이 되기도, 부정적이 되기도 한다. 좋은 이미지로 자신의 가치를 높이고 싶다면 이미지 관리는 필수적이다.

목소리도 노래와 같다

좋은 목소리는 듣는 사람에게 부드럽고 안정되며 편안한 느낌을 주며, 리듬 있고 생동감 있는 음성은 능동적이고 밝은 사람으로 비친다. 지치고 피곤한 음성은 소극적인 사람으로 비칠 것이며, 어떤 목소리로 자신의 의사를 전달하느냐에 따라서 자신의 이미지는 달라진다. 목소리도 노래와 같다. 좋은 목소리와 음성의 톤은 같은 내용의 말도 훨씬 부드럽게 전달되고 편안한 노래를 듣는 것과 같아서 다시 듣고 싶고 함께 대화하고 싶어진다.

특이한 음색을 가지고 태어난 사람들도 있지만 그렇다고 해서 목소리가 전혀 바뀌지 않거나 태어난 그대로 유지되는 것만은 아니다. 어떻게 관리하고 신경을 쓰느냐에 따라 좋은 목소리가 되기도 하고 나쁜 목소리가 되기도 한다. 타고난 음성도 중요하지만 후천적으로 정확한 발음 연습이나 말의 내용에 따라 전달하는 어조, 어투 훈련으로 좋은 목소리를 가질 수 있다.

젊은 시절에는 듣기 거북한 날카로운 음성을 가졌던 영국의 대처Margaret Hilda Thatcher 수상은 신뢰감 있는 연설을 하기 위해 필요한 것은 목소리라고 판단하여 남성과 여성의 중간 음으로 교정을 받았다. 목소리 훈련을 통해 호소력 있는 음성으로 바꾼 그녀는 성공한 정치가가 되겠다는 자신의 꿈을 이뤘다.

대처 수상의 예에서도 보듯이, 자신의 직업과 어울리는 목소리는 상대방으로 하여금 신뢰감을 갖게 하는 데 큰 역할을 한다.

영국의 전 수상 윌리엄 글레드스톤William E. Gladstone은 "스피치와 음성을 훈련시키는 데 들인 시간과 돈은 그 어느 것보다 보상이 확실한 투자"라고 하면서 목소리의 중요성을 강조했다. 사람의 첫인상을 결정하는 요소 중 목소리가 이미지에 영향을 미치는 청각적 요소는 38%를 차지한다고 앞서 언급한 바 있다.

"안녕하세요? 강희선입니다."라고 인사말을 하는 순간 상대방에게 나의 이미지는 시각적 모습과 함께 음성으로 바로 전달된다. 아무리 외모가 훌륭한 사람일지라도 음성이 너무 낮거나 높다면 외모를 통해서 받았던 좋은 느낌은 바로 반감된다. 하지만 상대방의 모습에 다소 실망을 느꼈다고 할지라도 안정적이고 부드러운 목소리로 말을 시작한다면 시각적 요소의 단점은 보완된다. 작고 마른 사람의 경우, 목소리의 크기가 작으면 더욱 작게 느껴지지만 정확하고 자신감 있는 목소리로 말을 한다면 큰 사람처럼 느껴진다. 무뚝뚝한 인상이라면 오히려 부드럽고 상냥한 목소리로 말을 하도록 노력해야 한다. 외모와 달리 친절한 사람으로 비칠 것이다.

말을 할 때 귀에다 손을 대고 자신의 목소리를 들어보라. 그 소리가 생소하게 느껴지거나 실망스럽다면 꾸준히 연습하고 노력해야 한다. 성대만을 이용한 목소리는 가볍게 들리므로 배부터 소리를 끌어 올리고 머리 울림으로 음질을 조절한다. 강조해야 하는 부분은 더 힘주어 말하고 때로는 잔잔하게, 때로는 소근소근 리듬을 넣어서 말하면 훨씬 듣기 좋은 대화가 이어진다. 자신의 목소리에 잘 맞는 높낮이와 리듬을 선택하여 듣기에 편안하고 부드럽다는 느낌이 들 때까지 반복적으로 꾸준히 연습하라. 평상시 자신의 목소리가 상대방에서 어떻게 전달될지 신경 쓴다면 좋은 목소리로 인해 여러분의 이미지는 한층 더 좋아질 것이다.

첫인상 법칙 인지하기

　첫인상은 대인 관계에 지속적인 영향을 끼친다. 첫인상이 나쁘면 그 이상의 만남으로 발전하기 어렵기 때문이다. 첫인상 법칙으로 '콘크리트 법칙'과 '인지적 구두쇠 법칙'이 있다.

콘크리트 법칙

　인상이 좋지 않다면 평생 고생이다. "길을 걸어가다가 하루에 몇 번이나 검문을 받아본 적이 있다."라고 심각하게 자신의 인상에 대해 고민하는 교육생을 만난 적이 있다. 아무 잘못도 없는데 자신의 나쁜 인상 때문에 자주 검문을 받는다면 아마 자존심이 많이 상할 것이다. 주변을 둘러보면 험상궂은 인상으로 인해 종종 피해를 보는 사람들이 있다. 그런 분들은 심각한 상황이 아니라면 무조건 부드러운 표정을 지어야 한다. 사람들은 만나면 일차적으로 눈에

보이는 부분, 즉 시각적 모습으로 먼저 상대방을 파악하게 되는데, 이때 형성된 첫인상은 말을 나누기도 전에 고정관념으로 굳어져 버리고 상대방이 어떤 사람일 거라는 단정을 짓게 만든다.

"타인에게 잘 보여서 뭐하나? 그냥 생긴 대로 살면 되지. 좋은 이미지가 왜 필요한가? 내가 남을 위해서 사는가? 남을 위해 굳이 비위를 맞출 필요가 있을까?"라고 말하는 사람들도 있다. 하지만 상대방에게 호감을 주고 따뜻한 이미지를 연출한다는 것은 남에게 잘 보이려고 하는 것도 아니고, 내가 아쉽기 때문에 하는 행동도 아니다. 오히려 상대방을 배려하고 존중하는 작은 성의이다.

우리가 누군가를 처음 소개 받았을 때 느끼는 상대방의 첫인상은 순간 크게 다가오며 머릿속에 쉽게 자리 잡는다. 이때 첫인상이 잘못 형성되었을 경우 좋은 이미지로 바로 회복하기는 무척 어렵다. 따라서 첫인상이 나쁘면 이어지는 만남이나 대인 관계에서의 좋은 결과를 기대할 수 없다. 반면 좋은 인상을 주게 되면 일단 상대방은 호의적인 마음을 갖게 되므로 긍정적 결과를 얻기 쉽다.

이렇게 처음 형성된 이미지가 뒤따라오는 상황에 밀접한 영향을 끼치는 것을 심리학자들은 '맥락 효과context effect'라고 한다. 예컨대 친절하고 성실한 이미지를 갖고 있는 일 잘하는 직원이 실수를 할 경우 "무슨 일이 있었나?"라고 염려하지만, 불친절하고 불성실한 인상으로 각인되었던 직원이 실수를 하면 "언젠가 그럴 줄 알았어."라는 식으로 시큰둥한 반응을 나타낸다.

맥락 효과는 첫인상이 어떤 느낌이었느냐에 대한 초두 효과의 연장선으로 해석되므로 상대방에게 자신의 이미지가 어떻게 굳어졌느냐에 대한 문제는 중요하다.

한번 생긴 선입견은 고정관념이 되어 바로 마음속에 굳어져 버려 이를 깨뜨리기가 쉽지 않은데, 이렇게 굳어지는 첫인상의 특징을 빗대어 '콘크리트 법칙'이라고 한다.

자주 만나는 사이가 아니라면 상대방에게 잘못 전달되어 굳어진 나의 첫 이미지는 상대방에게는 마지막 이미지가 된다. 처음에 좋은 이미지를 줄 수 있어야 두세 번 만남으로 이어진다. 때문에 호감 주는 인상을 가진 사람에게 사람이 많이 따르고 인기가 있는 것이다. 따라서 잘못된 첫인상으로 인해 상대방의 뇌리에 자신의 이미지가 부정적으로 굳어지지 않도록 노력해야 한다.

두 번 줄 수 없는 첫인상! 누구든지 처음 만난 사람에게는 첫인상이 가장 기억에 남게 되고, 이후의 관계 형성이 어떻게 진행될 것인가를 결정짓는 잣대가 될 수 있음을 기억하라.

인지적 구두쇠 법칙

두 남녀가 소개팅을 했다. 여자는 남자를 보자마자 기분이 불쾌해졌다. 눈에 띄게 삐쳐 나온 남자의 코털 하나가 거슬렸기 때문이다. 그 모습을 보자 기분이 불쾌해졌으며 말조차 하기 싫어졌다. 대화를 나누기도 전에 단정치 못한 사람, 소개팅 자리에 거울도 한 번 보지 않고 나온 예의 없는 사람이라는 생각에 그와 마주하고 있는 내내 코털밖에 보이지 않았다고 했다.

이처럼 첫인상에서 불쾌한 감정을 느꼈다면 그 감정이 내내 지속되어 만남을 유지할 수 없다. 그 여성의 마음속에 그 남성은 영원히 '코털'로 남아 있을 뿐이다.

다음번에 만나서 좋은 인상을 주면 되지 않느냐고 반문할 수도 있겠지만 일반적으로 사람들은 자기 주변의 사람이나 사물을 인식하는 데 많은 시간과 노력을 들이지 않으며 우리에게 여러 번의 기회를 주지 않는다. 그렇기 때문에 우리는 첫인상에 승부를 걸어야 하는 것이다.

물건을 사러 가게에 들어갔는데 직원이 사무적이고 고압적인 표정을 짓고 있다면 물건을 구입하려던 고객은 직원의 인상을 보고 '괜히 여기 들어왔나?'라는 생각이 들면서 멈칫할 것이고 다시는 그 가게를 이용하지 않을 것이다.

일반적으로 사람들은 한 번 인식된 것을 수정하거나 다시 인식하려는 노력을 하지 않는 특징이 있는데, 이를 첫인상에 있어서 '인지적 구두쇠 법칙'이라고 한다. 즉 사람들은 한 번 판단을 내리면 상황이 달라지더라도 자신의 처음 판단을 지속하려는 성향이 있다.

첫인상이 좋지 않을 경우 '다음에 기회가 될 때 만나서 잘 하면 되겠지'라고 생각한다면 이미 늦었다는 걸 기억하라. 대부분 사람들은 첫 만남에서 상대방에게 받은 인상을 그대로 기억하고 인식하려고 한다.

비즈니스 사회에서는 좋은 첫인상을 주지 못한다면 뛰어난 기술과 품질을 보유하고 있다고 해도 다음이란 기회는 쉽게 오지 않는다. 성공을 바라는 비즈니스맨이라면 좋은 첫인상과 호감을 줄 수 있도록 자신을 더욱 관리하여야 한다. 이를 통해 고객에게는 만족을 주며 조직에는 좋은 성과를 가져다줄 수 있는 것이다.

좋은 이미지 체크리스트

다음 항목에 대해 자신의 점수를 매긴 후 합계를 구해 보세요.
매우 그렇다 : 10점 / 보통이다 : 5점 / 그렇지 않다 : 0점

Total

		0점	5점	10점
1	평상시 자신의 이미지에 관심을 가지고 꾸준히 노력하는가?			
2	때와 상황에 맞는 이미지를 연출할 수 있는가?			
3	상황에 따라서 표정을 풍부하게 연출할 수 있는가?			
4	고객을 응대할 때 항상 신뢰감 가는 바른 자세를 취할 수 있는가?			
5	단정하고 깔끔한 용모와 복장으로 신뢰감을 주는가?			
6	상황에 맞는 바른 동작을 알고 있는가?			
7	음성적 요소가 이미지에 중요한 영향을 미친다고 생각하는가?			
8	대화 시 좋은 목소리를 내기 위해 노력하는가?			
9	호감을 주는 정확하고 밝은 화법을 사용하는가?			
10	이미지가 대인 관계에 많은 도움을 준다고 생각하는가?			

나의 첫인상은 어떨까? 나를 처음 본 사람들은 나를 어떻게 생각할까?
타인에게 내가 어떻게 비치고 있는지 종종 궁금하다. 우리는 누구나 최대한 나의 좋은 모습만 상대방에게 보여지기를 바란다. 처음 만난 느낌이 어떠했느냐에 따라서 두 번째, 세 번째 만남으로 이어지기 때문이다. 따라서 지속적인 대인 관계와 만남을 갖고 싶다면 호감 가는 첫인상을 가꾸는 것이 무척 중요하다

여러분 자신의 이미지는 어떠한가? 차분하게 자신의 이미지를 진단해 보고 자신의 이미지가 어떠한가에 대한 관심을 통해 상대방에게 좋은 이미지를 연출해 보자.

100~90점 지금의 호감 가는 이미지를 꾸준히 관리하라
좋은 이미지가 자신의 대인 관계와 성공에 긍정적 영향을 끼친다는 사실을 잘 알고 있다. 이미지의 중요성을 인식하여 생활 속에서 잘 실천하고 있으며 상대방에게 항상 우호적이고 좋은 인상을 주고 있다.

89~70점 이미지가 좋은 편이나 몇몇 항목에 대한 주의가 필요하다
자신의 취약한 점을 알아내어 보완하고 전반적으로 좋은 이미지를 가질 수 있게 되었을 때 심리적으로도 자신감이 생기며 대인 관계도 좋아진다. 단점을 보완하고 장점을 지속적으로 관리하여 자신의 좋은 이미지를 완성하도록 노력하라.

70점 미만 딱딱한 이미지로 인해 손해를 보고 좋은 기회를 잃을 수 있다
이미지 개선을 위해 현재 자신의 부족한 면이 무엇인지 진지하게 생각해 보아야 한다.
현재의 잘못된 이미지를 알아내고 앞으로 자신이 되고 싶은 모습을 상상하면서 구체적 전략을 세우고 실천한다. 예를 들어 조금 더 웃기, 먼저 인사하기, 부드럽고 목소리로 대화하기 등 작은 것부터 실천하라. 이미지도 꾸준한 연습을 해야 좋아진다는 사실을 기억하고 더 이상 자신의 잘못된 이미지로 인해 손해를 보지 않도록 주의하자. 알고 보면 좋은 사람이 아니라 보는 순간 좋은 사람이어야 한다.

친절은 그 후로도 오랫동안 추억이 된다

Kindness

2

고객을 내쫓는 직원과 고객을 부르는 직원

비 내리는 어느 날 저녁 무렵, 필자는 실물 조사차 자동차 대리점을 방문했다.

첫 번째로 방문한 A사 자동차 매장에 주차를 하려는 순간, 매장 입구에 서 있던 직원이 오더니 "여기에는 아무나 주차를 하시면 안 됩니다."라고 말을 하는 것이다. 직원의 이 말에 '내 외모를 보고 무시하는 건가? 여기는 돈 있는 사람만 찾아와야 하는 건가?' 울컥 하는 감정과 초라해지는 느낌에 불쾌해졌고 매장 안에 전시된 차들은 가격에 비해 시시해 보였다. 다른 차와 비교해도 특별히 좋아 보이지 않는데 가격만 비싸다는 생각이 들면서 어이가 없었다.

두 번째 방문한 B사 자동차 매장에 주차를 하려는 순간, 두 명의 직원이 재빠르게 내 차를 향해서 '퐁' 하고 튀어나왔다. 두 사람 중 한 명은 내게 우산을 받쳐 주고, 한 명은 "제가 주차를 해드려도 될까요?"라고 말하며 전시장으로 친절하게 안내해 주었다. 매장 안에 전시된 차들은 무척 고급스럽고 휘황찬란하게 보였다. 상담을 끝내고 자리에서 일어나는 순간, 처음 필자를 안내했던 직원이 "지금 날씨가 쌀쌀하니 차 키를 주시면 입구에 바짝 차를 대기시켜 놓겠습니다."라고 말했다. 몸에 밴 미소와 말씨가 사람의 마음을 사로잡았다. 이 회사에서 만든 자동차는 비쌀 만한 이유가 있다고 생각되었다.

이처럼 비슷한 가격과 비슷한 품질, 비슷한 환경인데도 직원이 친절했느냐 불친절했느냐에 따라 제품의 질이 다르게 느껴진다.

아무리 상품이 좋더라도 직원이 고객의 외모를 보고 무시하는 말투와 무관심한 인상으로 응대한다면 그 회사와 제품에 결코 호감을 가질 수 없다. 어떤 고객에게든 공평하게 대하는 직원의 태도가 무엇보다 중요하다. 고객을 응대하는 직원의 친절한 모습이야말로 최상의 상품이다.

여러분이 고객을 응대하는 모습은 어떠한가? 고객을 부르고 있는가, 아니면 내쫓고 있는가?

눈으로 고객을 대하는 사람, 마음으로 고객을 대하는 사람

필자가 회사의 사무실을 계약할 당시 만나 지금까지 관계를 유지하고 있는 부동산 중개소의 실장이 있다. 2년 전 집과 가까운 곳으로 회사를 이전하고자 사무실을 구하러 다닐 때 서울 여의도에 있는 한 부동산 중개소를 방문하게 되었다. 고객의 입장에서 성실하게 일 처리를 해주는 실장의 태도에 신뢰감이 느껴져 그곳을 통해 지금의 사무실을 계약한 것이 인연이 되었다. 최근 그 실장에게 이런 일이 있었다고 한다.

며칠 전 연세가 지긋한 할머니와 할아버지가 부동산 중개소를 기웃거리고 계셨다. 배낭을 멘 노부부는 조금 피곤하고 초라해 보이는 모습이었다. 그 모습을 본 실장은 퇴근을 준비하던 중이었으나 노부부에게 밖에 서 계시지 말고 상담실 안으로 들어오도록 안내를 했고, 쌀쌀한 날씨에 따뜻한 차가 좋을 것 같아 정성스럽게 차를 대접했다. 부인은 83세, 남편은 84세라고 자신들을 소개한 부부는 옆 건물에 있는 오피스텔을 하나 구입하고 싶다고 했다.

그때까지만 해도 실장은 연세 드신 부모님에게 자식들이 작은 오피스텔을 하나 사드리고 그곳에서 여생을 보내게 하려고 하나 보다 혼자 상상을 하면서 적당한 오피스텔을 알아보겠다고 말했다. 노부부는 차를 마신 뒤 연락처도 남기지 않고 부동산을 나갔다. 그런데 바로 다음 날 그 부부가 다시 방문하여 "우리는 바로 옆 빌딩의 오피스텔 절반 이상을 소유한 주인인데, 그 건물의 오피스텔을 추가로 구매하고 싶으니 향후 오피스텔이 매도로 나오면 매입할 수 있도록 부탁드립니다."라고 말했다.

그러고는 당시 매도로 나온 오피스텔 모두를 한꺼번에 구입했다고 한다. 300세대 이상이 살고 있는 15층짜리 오피스텔 건물의 최대 소유주가 행색이 초라해 보였던 노인 부부라니!

그들 부부는 몇몇 부동산에 들렀지만 자신들의 겉모습만 보고 무시하며 거들떠보지도 않았는데 당신은 그렇지 않았다면서 앞으로는 모든 부동산 거래를 당신에게 부탁하고 싶다고 했다.

그 부동산 중개소 실장이 누구에게나 한결같이 친절했기 때문에 좋은 기회를 얻게 되었다. 성공하고 싶다면 먼저 친절해야 한다.

이처럼 친절은 개인에게 좋은 기회와 성공을 가져다주는 주된 요인일 뿐만 아니라 국제화 시대에 기업체나 공공기관 등의 조직에서도 경쟁력 향상을 위한 필수 요건이다. 친절하지 않으면 고객은 그 기업에 대한 반감을 갖게 되며 그 즉시 등을 돌리게 된다. 불친절한 기업은 차차 고객의 수요가 줄게 되고 시간이 지남에 따라 기업의 이익은 줄어 경영난에 허덕이게 된다.

불친절로 인해 고객을 만족시키지 못한다면 이제는 개인과 기업의 생존까지도 위협을 받을 수 있다는 점에서 친절은 모든 사람에게 필수 역량이 될 것이다.

따라서 직원이 고객 입장에서 최선을 다하는 모습을 보여준다면 감동받은 고객들은 긍정적 소문을 내고 기업은 좋은 이미지가 형성되므로 많은 고객들이 다시 찾게 된다. 당연히 기업은 고객의 수요가 늘어나면 높은 이윤을 획득할 수 있으며, 자연적으로 경쟁력이 확보되어 기업의 가치가 창출되는 것이다. 고객을 배려하는 직원의 작은 친절은 이렇게 큰 힘을 가지고 있다.

친절에는 보상이 따른다

　비바람이 몰아치는 늦은 밤, 미국 필라델피아의 작은 호텔에 노부부가 들어와 호텔 종업원에게 "예약은 안 했지만 혹시 빈 방이 있느냐?"고 물었다. 그 종업원은 자기 호텔에는 방이 없다며 노부부를 위해 다른 호텔에 방이 있는지 물어보았다. 하지만 그 근처 어느 호텔에도 빈 방이 없었다. 그러자 종업원은 노부부에게 "객실은 없습니다만, 이처럼 비도 오고 새벽 1시나 되는 늦은 시간이니 누추하지만 제 방에서 주무시면 어떨까요?"라고 말했다.

　노부부는 아무런 대가도 바라지 않고 자신들을 도와주면서도 혹시나 자신들이 미안해 하지는 않을까 염려하는 그 종업원의 친절에 감동을 받고 종업원의 방에서 하룻밤을 보내게 되었다.

　다음 날 아침 노신사는 종업원에게 "당신은 훌륭합니다. 앞으로 미국에서 제일 좋은 호텔 사장이 되어야 할 분 같군요. 우리 언젠가 꼭 다시 만납시다."라고 칭찬의 말로 고마움을 표했다.

그 후 2년이 지난 어느 날, 그 종업원은 뉴욕행 왕복 비행기표와 함께 자신을 방문해 달라는 노신사의 편지를 받았다. 편지에는 이렇게 쓰여 있었다.

"비바람이 몰아치던 2년 전 늦은 밤, 당신이 저희 부부에게 보여주었던 친절을 그 후로도 오랫동안 잊을 수 없었습니다. 당신을 언젠가 만나고 싶다던 그 약속을 지키게 되었군요. 저는 월도프 아스토리아 호텔의 주인인 존 제이콥 아스터John Jacob Astor인데 당신이 이곳에 와서 우리의 첫 번째 지배인이 되어 주기를 간절히 희망합니다."

그리하여 필라델피아의 작은 호텔 종업원이었던 조지 볼트George C. Boldt는 뉴욕에 있는 1,900개의 객실을 갖춘 월도프 아스토리아 호텔의 지배인이 되었다.

진심에서 우러나오는 친절은 이렇게 상상할 수 없는 큰 행운으로 다가오기도 한다. 그렇다면 진심에서 우러나오는 친절한 모습을 갖추기 위해서 평상시 어떤 연습이 필요한 것일까?

생색내지 말고 도와주기

상대방의 어려운 입장을 이해하여 아무런 보상을 바라지 않고 도와주었다 하더라도 보통은 생색을 내고 싶어하며 자신이 상대방에게 베풀어준 일에 대해 은근히 알려지기를 원한다. 실제로 우리 수변을 둘러보면 아무런 대가 없이 상대방을 도와주는 사람은 그리 많지 않다. 상대방이 내가 도움을 준 사실을 기억하고 감사해야 한다고 생각한다.

만약 호텔 종업원인 조지 볼트가 노부부를 자신의 숙소로 안내하면서 "저라도 만났으니까 이런 데라도 주무시게 해드리는 거예요, 아셨죠?"라고 말했더라면 진정으로 고객에게 도움을 주려는 진심이라고 느끼기는 어렵다.

어떤 계산도 하지 않고 도움을 주는 모습이야말로 직원과 고객의 관계를 떠나 깊은 신뢰를 바탕으로 절친한 관계를 맺게 된다. 도움을 주면서도 생색을 내지 말고 진정한 친절을 베풀어야 한다.

똑똑하기보다 친절하기

"똑똑하기보다 친절한 편이 낫다."라는 유대인의 속담이 있다. 만약 앞의 사례에서 조지 볼트가 불친절하게 "방이 없습니다. 다른 곳을 찾아보세요."라든가, 혹은 "미리 예약을 하셨어야죠."라며 논리적으로 똑똑하게 따져 업무적으로 처리했다면 어떻게 됐을까? 친절하지 못하고 똑똑하기만 했다면 성공적인 미래를 맞이할 수 없었을 것이다.

친절한 직원이 결국 똑똑한 직원이다. 우리가 세상을 살아가면서 만나는 사람들에게 논리나 규정보다 앞서서 친절한 마음으로 고객을 응대하고 최선을 다하는지 생각해 보아야 한다.

"다른 사람에게 친절하고 관대한 것이 자기 마음의 평화를 유지하는 길이다. 남을 행복하게 할 수 있는 사람만이 행복을 얻을 수 있다."

플라톤의 말이 오늘 따라 더욱 생각난다.

친절 서비스 이익 원칙

비가 추적추적 내리는 어느 날 저녁 무렵, 할머니 한 분이 우산도 없이 비를 맞으며 택시를 잡고 있었다. 여러 대의 빈 택시가 할머니 앞을 지나갔지만 좀처럼 차를 세우지 않고 그냥 무심하게 쌩쌩 지나가버렸다. 그런데 갑자기 한 택시가 할머니 앞에 서더니 기사가 차에서 내려 차문까지 열어 할머니를 태워주었다. 친절한 기사 덕분에 할머니는 편안한 마음으로 목적지에 도착했다. 그런데 아쉽게도 할머니 집까지 가려면 골목을 통과해야 하는데 워낙 골목이 좁아 차가 더 이상 들어갈 수 없었다. 그러자 얼른 차에서 내린 기사는 트렁크에서 우산을 꺼내어 할머니에게 빌려주면서 MK라고 쓰여 있는 자신의 택시를 가리키며 이렇게 말했다. "할머니, 여기 MK라는 글자 보이시죠? 이 우산 쓰고 가셨다가 MK 택시가 보이면 아무 차나 세워서 돌려주시면 됩니다." 그 기사는 할머니가 우산을 받쳐 쓰고 골목에 들어가는 모습을 보면서 좁은 골목을 헤드라이트로 비쳐주었다. 아마 할머니와 그 가족들은 MK 택시 기사의 그 마음을, 그 친절을 오랫동안 잊지 못할 것이다.

그래서 일본에서는 고객들이 기다리면서까지 MK 택시를 탄다고 하니 친절한 직원이 근무하는 조직은 고객들이 알아서 그 기업을 지켜주려고 하는 것이다.

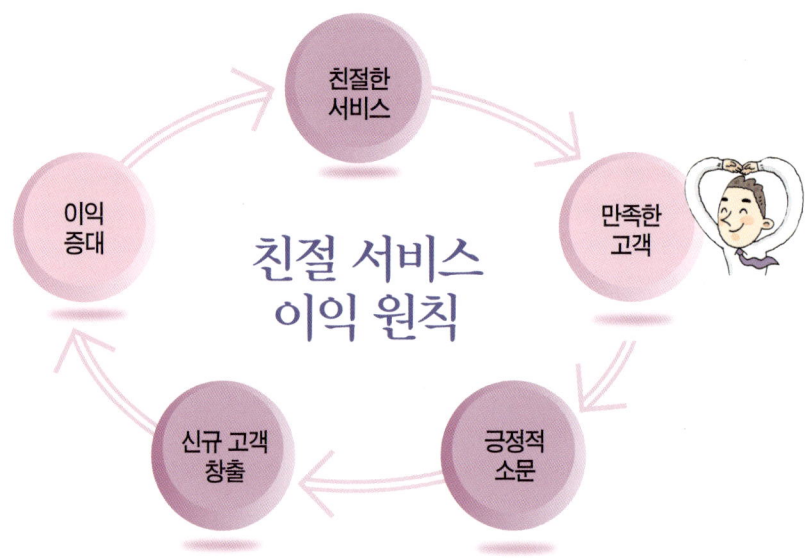

　직원이 고객에게 친절하면 기업은 이익이다. 고객이 원하는 바를 미리 알고 고객 중심의 경영을 하면 그 결과로 고객에게 사랑을 받는 조직이 되며 경쟁 시장에서 번창해 나간다. 친절한 직원이 많을수록 만족한 고객이 생겨나며 긍정적 소문이 퍼져 조직은 이익이 증대되어 더욱더 발전하는 선순환이 이루어지는 것이다.

　직원들이 고객에게 최선을 다하는 인간적이고 친절한 서비스 미담과 전설을 만들어라. 앞에서 예로 든 MK 택시 기사의 서비스 사례는 전설처럼 대대로 이어지며 기업에 대한 호의적인 감정을 만들어줄 것이고, 다른 고객이 회사를 선택할 시기가 되면 긍정적 소문을 들었던 기업을 선택할 확률이 높아진다. 차츰 고객들의 수요가 많아지면 자연스럽게 기업은 이익을 창출하는 것이다.

10 - 1 = 0

고객이 기업에 화를 내는 이유는 상품이 마음에 들지 않기 때문만은 아니다. 이보다는 불친절한 소수의 직원 때문인 경우가 더 많다. 제아무리 서비스가 많이 좋아졌고 직원들의 태도가 개선되어 고객의 사랑을 받고 있다고 할지라도 '고객 만족 최소 인자 결정의 법칙'이 적용된다. 우수한 직원의 좋은 평가 100점보다는 가장 최악의 직원 0점의 점수가 심각한 문제가 된다는 것이며, 최악의 0점이 조직의 전체 평가 기준에 악영향을 끼친다. 따라서 지금 중요한 것은 얼마나 친절했느냐보다 불친절한 직원이 조직에 남아 있느냐의 문제이다.

열 명의 직원이 친절하더라도 한 명의 불친절한 직원이 있다면 고객 만족은 수포로 돌아간다. 다시 말해 10-1=9가 아닌 10-1=0인 것이다. 불량한 서비스를 제공하는 소수의 직원들로 인해 "이 회사는 아직도 멀었어, 여기가 그렇지 뭐!"라는 한심한 소리를 들어선 안 된다.

직원은 고객을 만나는 이 접점의 순간에서 자신의 태도가 얼마나 중요한가를 깨닫고 변함없이 친절한 고객 서비스를 해야 한다. 지금 당신의 앞에 있는 고객에게 한결같이 친절하라.

친절 체크리스트

다음 항목에 대해 자신의 점수를 매긴 후 합계를 구해 보세요.
매우 그렇다 : 10점 / 보통이다 : 5점 / 그렇지 않다 : 0점

Total

		0점	5점	10점
1	진실한 마음에서 우러나오는 친절을 베풀고 있는가?			
2	고객에 대한 선입견이나 고정관념을 갖지 않고 응대하는가?			
3	친절은 자신과 상대방을 행복하게 만드는 것이라고 생각하는가?			
4	처음 만나는 사람에게도 자연스럽게 친절을 베풀 수 있는가?			
5	고객의 요청에 항상 정확하고 친절한 안내를 하고 있는가?			
6	고객에 대한 긍정적 사고를 하며 항상 고마워하는가?			
7	타인에게 친절을 베풀면 자신에게도 좋은 결과로 돌아온다고 생각하는가?			
8	친절한 직원의 모습이 조직의 이미지를 향상시키는 경쟁력이라고 생각하는가?			
9	고객이 불편해 하면 외면하지 않고 친절하게 도와주려고 하는가?			
10	아무런 보상 없이 상대방을 기꺼이 도와줄 수 있는가?			

친절을 받는 것은 좋은데 친절을 베풀라고 하면 "이렇게 바쁜데 친절하게 하라고?"라고 하고, 서비스를 받는 것은 좋은데 서비스하라고 하면 "그거 꼭 내가 해야 돼?"라고 말을 하는 사람들을 종종 보게 된다. 그러나 앞서 말했다시피 친절한 사람이 좋은 기회를 잡고 성공할 확률이 높다.

그렇다면 성공하기를 원하는 당신은 '지금 어떤 모습'인가? 당신은 '진심으로 친절한 모습'인가?

100~90점 당신은 누구에게나, 언제 어디서나 친절한 사람이다

당신은 상대방의 외모나 상황을 보고 차별하지 않으며 한결같이 친절한 생활 태도가 생활 속에 묻어 나온다. 진심으로 사람을 대하고 친절한 모습으로 인해 당신은 어디서나 환영받고 인정받는 사람이다.

89~70점 친절하고 우수한 편이나 조금 더 세심한 주의가 필요하다

생활 속에서 언제나 자연스럽게 표현할 수 있도록 주의해야 하며 때와 장소, 사람, 필요에 따라 친절한 모습이 달라 보이지 않도록 노력하라. 일관되고 한결같은 친절이 아니라면 진심이 없어 보이기 때문이다. 자신의 가치를 높이려면 친절은 필수적인 역량임을 기억하라.

70점 미만 대인 관계에서 차갑고 이기적인 인상을 주어 거리감이 느껴진다

말로만 친절한 것은 아무런 의미가 없다. 행동이 뒷받침되지 않으면 친절한 마음은 전해지지 않는다. 친절의 사전적 의미는 '대하는 태도가 매우 정겹고 고분고분한 태도'이다. 자신의 말과 태도가 일치되도록 노력해야 하며 그 방법으로는 타인의 입장을 이해하기, 따뜻한 가슴으로 공감하기, 적극적인 태도로 타인을 배려하기 등이다.

매너는 경쟁력이다

Manners

3

좋은 매너는 성공의 원천이다

성공한 사람이라고 하면 '근엄한 표정으로 목에 힘을 주고 다니며 고압적인 태도를 가진 사람'이라고 생각하는 사람들이 많다. 그러나 이는 잘못된 생각이다. 오히려 그들은 좋은 매너를 가지고 있었기 때문에 성공할 수 있었다. 성공한 사람들의 주변에는 많은 사람들이 있다. 그만큼 성공한 사람들은 타인과 원만하고 좋은 인간관계를 유지하고 있다는 뜻이다.

성공을 원한다면 함께 살아가는 방법을 익혀라

미국 컬럼비아대학 MBA 과정에서 기업 CEO들을 대상으로 '당신의 성공에 가장 큰 영향을 준 요인이 무엇인가'를 조사한 결과 응답자의 93%가 '대인 관계의 매너'를 꼽았으며, 나머지 7%의 응답자들은 실력이라고 대답했다.

성공의 필요 조건

하버드대학과 카네기연구소의 공동 조사 결과를 보면 어떤 직업이든지 전문 지식과 기술이 승진이나 인생의 성공에 미치는 영향은 15%에 불과하며, 나머지 85%는 다름 아닌 인간관계 능력이라는 것이다. 실력이 아무리 좋더라도 인간관계가 좋지 않아서 자신의 능력을 제대로 발휘하지 못하는 사람이 있는가 하면, 실력이 조금 모자라더라도 인간관계가 좋아 주위의 도움을 받아서 능력을 펼칠 수 있는 기회를 잡고 성공하는 사람이 있다.

사회에서 성공하고 싶다면 어떻게 대인 관계 능력을 향상시킬 수 있을지 고민해야 하고, 주위의 사람들과 사이좋게 살아가는 방법을 익혀야 한다. 아무리 실력이 뛰어나더라도 상대방을 무시하고 대화를 할 때 귀 기울이지 않는 고압적 자세를 가진 사람과 일을 하고 싶어하는 사람은 없다.

좋은 학벌과 시험 성적을 위주로 직원을 채용한 기업에서 그 직원의 입사 후 직장 예절 문제, 고객 응대 태도 문제로 고민하는 인사 담당자들을 종종 보게 된다. 좋은 매너를 가진 직원이 그렇지 못한 직원보다 업무를 처리하는 과정에서도, 고객 응대 과정에서도 유연하게 마무리를 짓는다.

기업에 접수된 고객들의 불만 사항 중 처음에는 별일이 아닌 것으로 일을 끝내려고 했는데 일 처리 과정에서 보여준 직원의 태도가 나를 열 받게 만들었다는 내용이 상당수에 이른다. 즉 상품이나 회사에 대한 불만으로 시작된 것이 처리를 하는 과정에서 성의를 다하지 않고 적당히 응대하는 직원이 못마땅하게 느껴지면 고객은 자신의 일을 대수롭지 않게 여기는 직원의 무성의한 태도로 인해 더 열을 받게 된다는 것이다.

불친절한 직원이 고객을 응대하는 모습은 마치 불난 집에 부채질을 하는 격과 같다. 아무리 기술력이 뛰어나고 사무 환경이 최신식으로 바뀐다고 해도 직원의 매너가 좋지 않다면 고객들의 감정은 여전히 불만으로 남게 되며 이는 조직에 대한 불만으로 이어지게 된다.

예전에 필자와 함께 근무했던 동료의 예이다. 그는 학벌도 좋고 똑똑했으며 자기주장이 강했다. 그런데 그가 다른 직원과 함께 일을 하는 태도는 다른 직원을 배려하기보다 자기중심적으로 일을 처리하는 경향이 많았다. 특히 남의 얘기를 끝까지 잘 들어주기보다 자기 말만 고집하는 대화 태도가 문제가 되었는데, 독선적인 그의 모습은 타인의 감정을 중시하지 않는 태도로 해석되었고, 결국 그는 시간이 흐를수록 회사로부터 인정을 받지 못해 좋은 기회를 놓치곤 했다. 경력이나 실력은 뛰어났지만 남을 무시하는 그의 독선적인 태도와 자기 위주의 성향으로 인해 주위 사람들의 인정과 인심을 얻지 못했고 인간관계가 원만하지 않았기 때문이다. 실력을 가지고 있어도 좋은 매너를 습득해야 주변 사람들로부터 일을 함께 하고 싶은 마음을 끌어내어 좋은 기회를 얻어낼 수 있다.

영국 엘리자베스 여왕의 유명한 에피소드이다. 중국 고위 관리에게 식사를 대접하던 중 핑거 볼(손가락 씻는 물이 담겨진 그릇)이 나왔는데 서양 식사 매너를 잘 몰랐던 중국 관리가 그 물을 마셔버렸다. 그 모습을 본 엘리자베스 여왕은 아무렇지도 않은 듯 중국 관리를 따라 자신도 핑거 볼의 물을 마셨다고 한다. 그 중국 관리가 무안해 할까 봐 배려한 것이다.

매너는 사회생활에서 좋은 인간관계를 형성하게 만들며 주변으로부터 인정과 지지를 얻는 데 큰 역할을 한다. 개인의 성공과 조직의 성장을 위한 좋은 매너는 가장 중요한 필수 요소이다.

좋은 매너를 위한 다섯 가지

어떤 사람이 매너가 좋아 보일까? 매너가 좋은 사람들은 부드러운 표정, 적극적인 인사, 바른 자세, 공손한 말씨, 단정한 용모와 복장을 골고루 갖추고 있다. 이 다섯 가지 항목 중에서 어느 한 가지라도 소홀히 하는 법이 없다. 즉 표정, 인사, 자세와 말씨가 다 뛰어나더라도 용모와 복장이 지저분하게 보인다면 매너가 좋게 느껴지지 않기 때문이다. 매너의 다섯 가지 항목을 하나씩 하나씩 연습해 당신의 매너를 완성해 보자.

1 | 아름답게 웃어라

미국 캘리포니아 의대 폴 에크먼Paul Eckmann 박사는 입 꼬리를 위로 올리고 억지로라도 웃는 시늉을 한다면 실제로 기분이 좋아진다고 했다.

또한 '소문만복래笑門萬福來'라는 말도 있다. "웃는 사람에게 복이 굴러온다."는 뜻인데, 이를 거꾸로 생각해 보면 "찡그린 얼굴에는 좋은 일이 굴러오다가도 빠져나가 버린다."라는 의미이다.

웃는 표정을 만들기 위한 방법으로 입 꼬리 근육인 소근을 훈련해야 한다. 만약 입 꼬리를 올리는 게 부담스럽고 근육이 활발하게 움직이지 않는다면 볼펜이나 막대기를 송곳니 뒤에 물고 입 꼬리를 옆으로 위로 끌어당겨 그대로 10초 이상 유지하는 연습을 하면 효과적이다. 다음 그림에서 보듯이 입 꼬리를 위로 했을 때와 그렇지 않았을 때의 인상이 확실히 달라 보인다. 더불어 입 꼬리를 위로 한 얼굴이 훨씬 젊어 보인다.

2 | 보면 인사하라

어떤 회사 사무실을 방문했는데 아무도 자신을 쳐다보지 않고 인사도 하지 않는다면 그 회사에 대한 기대감이 무너지면서 실망감을 느끼게 된다. 반면 어떤 사무실에 들어가자마자 자신과 처음 눈이 마주친 직원이 따뜻한 미소로 "안녕하세요, 반갑습니다."라고 인사를 한다면 마음이 편안해지면서 밝고 따뜻한 회사의 분위기를 느끼게 된다.

직장 동료 사이에도 마찬가지다. 인사를 잘하는 직원에게는 호감을 느끼지만 사람을 보고도 인사를 하는 둥 마는 둥 지나가는 직원에게는 예의 없고 다소 무성의한 사람이라고 느낀다.

인사를 제대로 하지 못하여 자신의 평가가 나빠지는 것처럼 안타까운 일도 없을 것이다. 상대방을 향하여 먼저 인사를 하면서 다가간다면 좋은 인간관계는 이미 형성되고 있는 것이다.

3 | 자세를 바르게 하라

어느 회사 창구에서 서류를 발급받을 때 있었던 일이다. 담당 직원은 친구와 사적인 전화 통화에 집중하면서 고객의 입장은 별로 아랑곳하지 않는 모습이었다. 그는 친구와 통화를 하다가 고개를 들고 필자를 바라보며 "몇 통 필요하세요?"라고 질문을 했고 다시 고개를 숙이고 전화 통화를 이어가다가 또다시 "수수료는 1200원입니다."라고 말을 했다. 이어서 턱으로 책상 위에 있는 동전통을 가리키며 1200원은 거기에 두고 가라는 무언의 지시를 했다. 이런 응대 태도는 고객을 무시하는 태도일 뿐 아니라 업무 처리 속도를 더욱더 느리게 만든다.

"고객이 원하는 것을 해주면 되지, 뭐 그리 깐깐하게 근무 자세까지 지적하느냐?"라고 반문하는 사람이 있을 수 있다. 그러나 그런 무성의한 근무 자세는 고객과의 관계에서 불필요한 오해를 만들어내기 때문에 문제가 될 수 있다. 항상 자세를 바르게 유지해야 한다.

4 | 말씨를 부드럽게 하라

항공사 승무원 교육 중에서 중요한 비중을 차지하는 것 중 하나는 방송 교육이다. 승무원들은 승객들에게 보다 듣기 좋은 음성으로 정확한 안내를 하기 위해 한국어, 영어, 일본어 3개 국어에 대한 교육을 철저히 받고 방송 자격 시험을 본다. 친근함을 느끼게 하는 상냥한 어감과 정확한 정보 제공을 위한 명확한 발음이 좋은 성적을 받을 수 있는 중요한 기준이다.

아무리 타고난 목소리가 좋고 성량이 풍부하다고 해도 부드럽고 상냥한 음성이 아니라면 친근감이나 호감을 줄 수 없다. 사람의 기분을 좋게 만드는 음성은 부드럽고 상냥한 말씨를 사용하는 것이다.

타고난 자신의 목소리를 바꾸기는 어렵지만 부드럽게 리듬을 넣어 말을 한다면 상대방에게 충분히 호감을 줄 수 있다. 따라서 말씨를 부드럽게 하기 위해 꾸준히 연습해야 한다.

5 | 단정한 옷차림으로 완성된 매너를 유지하라

아무리 훌륭한 사람일지라도 보는 순간 지저분한 인상을 주거나 좋지 않은 냄새를 풍긴다면 자신의 매너에 흠집이 생긴다.

'보기 좋은 떡이 먹기도 좋다.'라는 속담이 있다. 똑같은 재료로 떡을 만들었다고 해도 지저분하게 보이는 떡보다는 깔끔하게 보기 좋은 떡이 더 잘 팔릴 것이다. 사람도 마찬가지이다. 같은 유니폼을 입어도 단정한 옷차림을 한 사람이 그렇지 못한 사람보다 신뢰감을 주고 유능해 보인다. 상황에 따라, 업종에 따라 입는 옷이 달라지겠지만 공적인 자리라면 사회적으로 공인된 비즈니스 정장을 입으면 무난하고, 이 밖의 상황에서는 장소와 모임의 특징에 맞추어 옷을 입어야 여러분의 매너가 완성된다.

좋은 매너는 관계의 시작이다

누군가와 친하게 지내고 싶다면 자신의 매너를 살펴야 한다. 매너가 좋은 사람들은 인간관계도 좋다. 매너의 다섯 가지 항목—표정, 인사, 자세, 말씨, 용모·복장—을 생활 속에서 어떻게 실천해야 좋은 매너가 완성될 수 있는지 각 항목마다 간단한 실천 요령을 알아보자.

무언의 메시지, 표정

처음 본 사람이 차가운 표정을 짓고 있다면 거리감이 느껴지고 왠지 접근하기가 어렵게 느껴진다. 반대로 처음 본 사람이 따뜻한 표정을 짓고 있다면 마음이 편안해지면서 친밀감이 형성된다. 즉 표정만으로도 그 사람에 대한 인상이 부정적 또는 긍정적으로 다르게 다가온다. 이처럼 사람들은 누군가를 처음 만나면 그 사람의 얼굴 표정으로 일차적인 평가를 내리는데, 이는 대부분 사람이 갖고 있는 본능이라고 심리학자들은 상조한다.

따라서 평상시 이왕이면 밝은 미소로 자신의 마음을 전하라. 좋은 매너를 가진 사람으로 기억될 것이다. 말로 표현하지 않아도 좋은 표정은 좋은 감정이 상대방에게 전달되기 때문이다.

인간관계의 시작, 인사

인사人事의 한자를 풀이해 보면 '사람이 하는 일'이란 뜻이다. 즉 인사는 사람이 당연히 해야 하는 도리이다. 따라서 인사를 하지 않는다는 것은 사람으로서 해야 하는 도리를 하지 않는 것이다. 인사는 인간관계를 형성하는 시발점이므로 상대방을 보고도 인사를 하지 않는다면 "나는 당신을 별로 알고 싶지 않습니다."라고 말을 하는 것과 같다.

좋은 인간관계를 원한다면 진실한 마음으로 먼저 인사를 건네라. 기분 좋은 인사를 건네는 순간 상대방과의 관계는 이미 시작되고 있다.

마음을 나타내는 자세

누군가 여러분 앞에서 팔짱을 끼거나 짝 다리로 서서 말을 한다면 기분이 어떨까? 대화에 집중하기보다 상대방에 대한 불쾌감이 먼저 생길 것이며, 아무리 좋은 말을 하더라도 "너나 잘 하세요."라는 생각이 들 것이다. 대화 시 상대방의 자세가 구부정하고 바르지 못하다면 말에 설득력이 떨어지고 자신감 없는 사람으로 비친다. 상대방과의 대화 시 손짓 하나, 몸짓 하나에도 신경 쓰고 바른 자세를 유지하라.

자세는 곧 자신의 마음이다. 허리를 쭉 펴고 가슴을 열고 바른 자세로 대화한다면 성의 있는 사람으로 인식될 것이다.

품격을 드러내는 말씨

잘 못하면 칼이 되고 잘 하면 천 냥 빚을 갚는 것은? 바로 '말'이다. 더불어 말씨는 그 사람의 품격이다. 우리 속담 '아 다르고 어 다르다.'라는 말에서 알 수 있듯이 같은 말이라도 어떻게 표현하느냐에 따라 달라진다.

또한 같은 의미를 전달하더라도 상대방의 기분을 불쾌하게 만드는 사람이 있는가 하면, 상대방의 마음을 고려하여 부드럽게 자기 마음을 전달하는 사람도 있다. 상대방의 감정을 상하게 하지 않도록 평상시 부드러운 말씨로 좋은 언어 습관을 익혀라.

나를 보여주는 간판, 용모와 복장

단정하고 깨끗한 복장은 상대방에게 신뢰감을 주게 되어 좋은 인간관계의 바탕이 된다. 만약 가게에 물건을 사러 들어갔는데 직원이 긴 머리를 치렁치렁하게 하고 앞머리는 얼굴의 반을 가리고 "뭐 찾으세요?"라고 한다면 그 모습이 조금은 무섭게 느껴지지 않을까? 자신의 차림새로 사람들이 도망가지 않도록 주의해야 한다.

직장 분위기와 업무에 맞는 머리 모양과 옷차림은 고객에 대한 최소한의 예의이며 자신을 내미는 간판이다. 특히 직장과 같은 공적인 장소에서는 사적인 개성보다는 상황에 맞는 예의 바른 복장을 갖추어야 한다.

매너 체크리스트

다음 항목에 대해 자신의 점수를 매긴 후 합계를 구해 보세요.

매우 그렇다 : 10점 / 보통이다 : 5점 / 그렇지 않다 : 0점

Total

		0점	5점	10점
1	평상시 인간관계의 소중함을 알고 실천하고 있는가?			
2	타인에 대한 배려와 봉사정신을 가지고 있는가?			
3	주위로부터 매너가 좋다는 평판을 듣고 있는가?			
4	호의적인 표정과 바른 태도를 유지하는가?			
5	사람을 보면 바로 인사하고 반갑게 아는 척하는가?			
6	상대방의 말을 잘 들어주고 공감하면서 대화하는가?			
7	주위 사람들에게 자신이 먼저 연락하고 안부를 묻는가?			
8	상황이나 상대방에 맞추어 적절한 용모·복장을 갖추고 있는가?			
9	주위의 도움을 받으면 항상 감사의 표시를 하는가?			
10	좋은 매너가 자신의 일에도 많은 도움을 준다고 생각하는가?			

성공한 사람들은 거만하고 고압적인 사람들이 많지 않다. 오히려 자신의 이미지 관리를 잘 하고 좋은 매너를 습득하여 생활 속에서 실천한다. 그들은 좋은 매너를 가져야 주위의 도움을 요청할 수 있으며 성공을 할 수 있다는 신념을 가지고 있다. 또한 '다른 사람들이 자신의 성공을 돕고 있다.'는 사실에 감사할 줄 안다.

여러분의 매너는 어떠한가?

100~90점 주위로부터 매너가 좋다는 얘기를 듣는 사람이다

좋은 매너로 인해 직장인으로서 성공하기 위한 필수 역량을 갖춘 사람이라는 평가를 받고 좋은 기회를 많이 얻을 수 있는 사람이다. 누구나 당신과 친하게 지내고 싶어할 것이고 주변에 사람이 많아서 대인 관계가 원만한 편이다. 현재의 좋은 매너를 지속적으로 관리한다면 사회적으로도 원하는 성공을 거둘 수 있을 것이다.

89~70점 작은 행동에도 좀 더 신경을 쓰는 세심한 자기 관리가 필요하다

전반적으로 매너가 좋은 편이지만 매사에 감사한 마음을 가지고 감사 표현을 할 줄 알아야 하며, 사소한 실수에도 미안해 할 줄 알아야 한다. 이런 생활 태도가 몸에 배면 2% 부족한 당신의 매너가 완성되어 품격을 높여줄 것이다.

70점 미만 매너의 중요성을 인식하고 인간관계에 지속적인 노력을 기울여야 한다

매너는 저절로 배워지는 것이 아니라 끊임없는 훈련을 통해 자연스럽게 몸에 익히는 것이고 그로 인해 좋은 인간관계가 유지된다. 매너가 좋지 못하다면 주위 사람들은 당신을 점점 더 멀리할 것이다. 좋은 매너와 원만한 인간관계를 유지하기 위해서는 상대방을 나의 성공을 도와주는 고마운 사람으로 인식하기, 내가 나를 존중하는 만큼 남도 존중하기, 상대방의 입장을 고려하여 좋은 매너를 가지고 행동하기(표정, 인사, 자세, 말씨, 용모·복장) 등이다. 사람은 혼자서 살아갈 수 없는 사회적 존재임을 늘 기억하라.

그래도 웃음 지어야 한다

Smile

4

표정은 하루아침에 만들어지지 않는다

이 세상에서 가장 아름다운 얼굴은 어떤 모습일까? 아마도 부드럽게 웃는 미소 띤 얼굴일 것이다. 고압적인 표정은 자칫 지시적인 사람으로 보여 거리감이 느껴질 것이며, 무뚝뚝한 표정은 완고한 사람이라는 인상을 줄 수 있어 친근감을 주기 어렵다. 미소는 생활 속에서 자연스럽게 연출되는 습관적인 얼굴 모습이 되어야 하며, 그런 좋은 습관은 결정적인 순간에 경직되지 않은 얼굴로 인해 타인에게 신뢰감을 줄 수 있어 좋은 기회를 얻을 수 있다. 표정으로 좋은 기회를 얻어 성공할 수도 있고 이와는 반대로 실패할 수도 있다.

표정으로 실패한 자

"나이 마흔이 되면 자신의 얼굴에 책임을 져야 한다."라는 명언을 남긴 미국의 제16대 대통령 에이브러햄 링컨Abraham Lincoln. 그가 대통령으로 당선된 후 비서관을 뽑기 위해 인재를 모집하자 수많은 사람들이 모였다. 먼저 참모진이 그중에서 최고의 실력을 갖춘

한 사람을 선발했고, 최종적으로 링컨과의 인터뷰만을 남겨두고 있었다. 참모진은 그 후보가 학식과 능력이 뛰어난 사람이었기에 링컨 대통령의 마음에 들 것이라고 생각했다. 하지만 링컨은 그를 선택하지 않았다. 그 후보가 탈락하리라고는 전혀 예상하지 못했기에 참모진은 인터뷰를 마치고 나온 링컨에게 그 이유를 물었다. 이에 링컨은 "그 사람은 나의 비서관으로 적합하지 않다. 그 사람은 표정이 어둡다."라고 말했다고 한다.

표정으로 성공한 자

1960년 미국의 대통령 선거에서 예상을 깨고 민주당 후보로 출마한 케네디John Fitzgerald Kennedy가 제35대 대통령으로 당선되었다. 많은 사람들은 케네디가 쟁쟁한 경쟁 상대인 닉슨Richard Milhous Nixon을 이길 수 없을 것이라고 예상했다. 하지만 선거 유세가 계속되면서 케네디는 차츰 유권자의 인기를 끌게 되었다. TV에 비친 케네디의 건강하게 그을리고 웃는 얼굴은 매력적으로 보인 반면 닉슨의 지치고 우울한 표정은 많은 사람들에게 호감을 주기 어려웠다. 닉슨과의 토론에서도 밝고 건강한 이미지의 케네디가 상대적으로 단연 돋보였다. 만약 케네디가 닉슨에 대해 불쾌한 모습을 보인다거나 시선도 제대로 마주치지 않는 단호한 모습이었다면 과연 표를 많이 확보할 수 있었을까? 케네디의 여유로운 표정과 상대방을 부드럽게 바라보는 따뜻한 시선은 많은 사람들에게 신뢰감을 주기에 충분했다.

전문가들은 당시 케네디가 대통령에 당선된 승리 비결 중 하나로 케네디의 '스마일 파워에 의한 승리'라고 강조한다. 이처럼 언제나 웃음은 사람을 끌어당기는 힘을 가지고 있어서 일의 결과에 있어서도 행운을 가져다준다.

그렇다면 지금 여러분의 얼굴은 행운을 가져다주는 모습을 지녔는가?

과거보다 조금씩 더 좋은 표정으로 변하고 있는가?

　오랜만에 동창회를 나가거나 몇 년 만에 친구를 만나면 상대의 변화된 모습에 놀랄 때가 있다. 그렇게 예뻤던 친구가 얼굴이 많이 상해 있고 별로 돋보이지 않았던 친구가 온화하고 부드러운 표정으로 돋보이는 경우가 있다. 세월이 흘러가면서 나이가 들어가는 탓도 있겠지만 꼭 나이 탓만으로 돌릴 수는 없다. 웃지 않는 얼굴로 지낸 세월만큼 얼굴 근육은 굳게 되고 웃는 얼굴로 지낸 세월만큼 표정이 밝아지기 때문이다.

　표정은 지난 세월 동안 어떻게 관리를 했느냐에 따라 서서히 근육의 변화로 생겨나고 변화된다. 표정은 하루아침에 만들어지지 않는다.

　'일소일소 일노일로―笑―少―怒―一怒―老'(한 번 웃으면 한 번 젊어지고 한 번 화내면 한 번 늙어진다)라는 말이 있듯이, 웃는 얼굴을 생활화하는 사람은 나이에 비해 훨씬 더 젊어 보인다. 잘 웃는 표정이 훨씬 더 젊게 보이고 생동감 있어 보이기 때문이다. 웃는 얼굴 표정과 찡그린 얼굴 표정은 근육이 정반대로 움직인다. 웃는 표정을 지을 때 얼굴 근육은 '밖으로 퍼지고, 위로 올라가는' 형태가 된다. 눈초리와 입 꼬리, 볼 근육이 위로 올라가고 눈썹과 눈두덩, 미간 등이 바깥쪽으로 퍼져 얼굴이 편안해 보이고 밝은 인상이 된다. 그로 인해서 타인에게 좋은 인상을 줌으로써 하는 일에도 긍정적 영향을 미친다. 반면 찡그린 표정을 지을 때 눈초리와 입 꼬리는 밑으로 처지고 우울해 보이며 미간, 눈썹과 눈 사이 등이 좁아지는 등 근육이 수축하고 아래로 내려와 얼굴이 우울해 보이고 어두워 보인다. 잘못된 얼굴 표정으로 상대방에게 자칫 잘못된 인상으로 남는 것보다 좋은 얼굴 표정으로 항상 상대방에게 호감을 줄 수 있도록 노력해야 한다.

웃음은 보약이다

웃음은 의학적으로도 가치가 매우 높다. 바로 웃음이 병을 고치는 데 활용되기 때문인데, 일명 '웃음 치료'라고 한다.

로마 린다Loma Linda 의과대학의 리 버크 교수는 1996년 심리신경 면역학 연구학회에서 웃으면 면역 기능이 강화된다는 내용의 연구 결과를 발표했다. 그는 코미디 비디오를 보고 난 사람들의 혈액을 뽑아서 항체를 조사하는 실험을 했다. 그 결과 병균을 막는 항체인 인터페론 감마 호르몬의 양이 200배나 늘어났으며 백혈구와 면역 글로블린이 많아지고 면역을 억제하는 코르티졸과 에프네피린이 줄어드는 것을 알아냈다. 리 버크 교수팀은 암을 잡아먹는 암 면역 세포인 NK 세포를 발견했는데 이것은 의학적으로 매우 가치 있고 의미 있는 발견으로, 우울하거나 의기소침할 때는 NK 세포(자연 살상 세포)가 생성되지 않지만 웃을 때는 NK 세포가 30%나 증가되고 웃음에 의해 세포가 활성화되어 건강에 결정적 도움이 된다는 사실을 증명했다. 건강하고 활성화된 NK 세포는 면역을 조절하는 신기한 세포로 스스로 암세포를 찾아내며 자기 세포인지 아닌지 구분할 수 있는 능력을 지니고 있다. 자기 세포가 아닌 것을 알게 되면 치밀하게 공격을 하여 암세포에 구멍을 내고 폭파시키는 역할을 수행하는 건강 세포이다. 따라서 스트레스를 받더라도 화를 내기보다는 웃어야 하며 건강한 생활을 위해 스스로 미소 짓고 노력하는 자세가 필요하다.

미국 스탠포드대학의 윌리엄 프라이 교수는 "인간이 웃으면 엔도르핀의 작용으로 병원균에 대한 저항력이 증대하고 스트레스가 감소한다."라고 했다. 즉 웃음만큼 좋은 보약은 없다.

웃기 때문에 즐거워진다

나폴레옹은 혼자 있을 때 당시 유명한 사람들의 표정과 말을 연습했다고 한다. 좋은 표정을 가지면 자신의 인생에서 좋은 기회를 얻을 수 있고 힘이 느껴진다고 생각했기 때문이다. 미소 짓는 인상은 자석처럼 사람을 끌어당기고 호감을 주어 사회적인 성공을 거둘 수 있는 밑거름이 되기도 한다.

여러분의 평상시 표정은 어떠한가?

웃을 일이 없다고 생각하지 말고 작정하고 웃는 습관을 생활 속에서 실천해 보라. 그래도 안 되면 억지로라도 웃어보자. 독일의 카알 랑케와 미국의 윌리엄 제임스는 "사람이 슬퍼서 우는 것이 아니라 울기 때문에 슬퍼지는 것이고 사람이 기뻐서 웃는 것이 아니라 웃기 때문에 즐거워지는 것이다."라고 강조했다. 웃음을 선택하고자 노력하고 실천하면 웃을 일이 생긴다는 말이다.

대뇌에 있는 표정 통제 중추와 감정 통제 중추는 연결되어 있어서 서로 영향을 주고받는다. 그래서 일부러라도 웃다 보면 정말로 웃을 때와 비슷한 화학 반응이 일어나며 결과적으로 점점 기분이 좋아지게 된다. 이처럼 표정을 바꾸면 감정 상태가 달라지는데, 심리학에서는 이를 '안면 피드백 이론

Facial Feedback Theory'이라고 한다.

독일의 신학자 칼 조세프 쿠셀은 "웃음은 마음의 치료제이자 몸을 아름답게 한다. 웃는 사람보다 더 아름다운 사람은 없다."라고 했다. 우리는 평상시에도 아름다운 미소를 위해 연습해야 한다.

훈련을 통해 미소 짓는 얼굴을 만들 수 있다

요즘에는 은행, 항공사 등 서비스 업종뿐만 아니라 일반 사무직 회사에도 직원 교육 시 '미소 훈련'을 실시하는 곳이 많다. 직원들이 밝은 표정을 짓고 미소를 띤 얼굴로 업무에 임해야 회사 분위기가 좋아지기 때문이다. 미소도 훈련을 통해 만들 수 있다. 먼저 눈 주위 근육을 풀어주고 입 주변을 비롯한 얼굴 전체 근육을 긴장시켰다가 이완시킨다.

눈을 지그시 감았다 세게 감았다를 반복한다.

눈동자를 좌우 상하로 움직여본다.

눈썹을 위아래로 움직여 이마와 눈 근육을 풀어준다.

입을 조금 벌린 다음 턱을 좌우로 움직인다.

냄새를 맡는 듯한 표정을 만들어 코 주위의 근육도 풀어준다.

볼 근육을 풀어주기 위해 입 안 가득 공기를 넣은 상태로 역시 좌우상하로 움직여본다.

- **눈빛** : 베르그송은 "의식의 흐름을 가장 단적으로 표현한 것이 눈이다."라고 했다. 어떤 사람들은 '내 눈은 태어날 때부터 작고 못생겼는데 어떻게 하느냐'라고 한탄하는데, 눈이 어떻게 생겼느냐보다 중요한 것은 어떤 눈빛으로 바라보느냐가 상대방에게 자신의 인상을 결정짓는 데 직접적인 영향을 미친다. 만약에 둥글고 커다란 눈을 가진 사람이 뚫어지게 바라보는 습관을 가지고 있다면 예쁘고 시원한 눈을 가졌다는 생각보다는 매섭고 날카로운 사람으로 기억될 것이다. 눈의 생김새보다 중요한 것은 눈빛이다. 눈의 생김새는 어쩔 수 없지만 눈빛은 스스로 조정할 수 있다. 사람들을 대할 때는 최대한 부드러운 눈빛을 짓도록 노력하자. 처음 만난 사람이 빤히 쳐다보고 있어서 매우 당황한 적이 있다. 공격적이거나 곁눈질을 하거나 아니면 위와 아래를 훑어보는 눈, 흘깃흘깃 바라보는 눈빛은 매우 불쾌하다. 눈 주위는 피부가 얇아서 잔주름이 먼저 생기며 흉터가 생겨도 잘 없어지지 않고 그냥 남아 있게 되는 부위이다. 이런 경우 예방 차원에서 눈 주위 근육을 움직여주면 혈액 순환이 촉진된다.
- **눈썹** : 웃을 때 혹은 놀란 듯한 표정으로 눈썹을 위로 올렸다가 내린다. 눈썹만 상하로 올리고 내리기를 10번 정도 반복한다. 눈썹과 눈 사이를 좁히면 미간에 주름이 잡혀 좋은 인상을 줄 수 없으므로 특히 주의해야 한다.
- **눈과 눈두덩** : 눈을 감고 편안히 마음을 안정시킨다. 눈을 동그랗게 크게 뜨고 눈동자를 위, 아래, 오른쪽, 왼쪽으로 굴린다. 눈에 힘을 주어 꼭 감는다. 편안히 살며시 눈을 뜬다. 컴퓨터를 오랜 시간 보며 일하는 사람들은 자신도 모르는 사이에 모니터를 뚫어지게 응시하여 무

표정한 얼굴이 될 뿐만 아니라 눈이 쉽게 피로해진다. 틈틈이 눈 운동을 하여 피로도 풀어주고 밝은 눈빛을 유지할 수 있도록 노력해야 한다.
- 입 : 입을 양옆으로 당기듯 입가를 올린다. 자연스러워지지 않을 경우, 검지를 사용하여 입가를 당기고 오므려도 좋다.
- 빰 : 입을 다물고 볼을 부풀린다. 볼을 부풀린 상태에서 좌우로 반복해서 오른쪽, 왼쪽, 위, 아래로 공기를 보낸다. 주름을 예방하는 운동도 되어 매우 효과적이다.
- 턱 : 입을 벌리고 턱을 좌, 우로 반복해서 움직인다.

'위스키'를 외쳐라

미소 훈련을 하고 난 후에는 '위스키' 하고 소리내며 웃는 연습을 한다.

위 : 입은 가운데로
스 : 옆으로 당기듯이
키 : 입의 반동으로 입 꼬리를 위로 당긴다.

그 상태로 미소를 10초간 유지한다.

웃고 또 웃어라

웃음 치료 마니아인 미국의 작가 커전스Norman Cousins는 "웃음은 해로운 감정이 스며들어 병을 일으키는 것을 막아주는 방탄 조끼"라고 강조하며 웃음이야말로 건강을 회복시키는 보약이라는 사실을 밝혀냈다.

웃음을 선택하라

미국 캘리포니아주립대 이츠하크 프리드Itzhak Fried 박사가 웃음을 선택했을 때의 효과에 대해 실험했다. 그 결과 일단 웃고 나면 재미있는 생각이 드는 경우가 더 많은 것으로 나타났다. 웃음을 선택하는 순간 긍정적이고 재미있는 생각으로 넘쳐나게 되는 것이다.

중요한 것은 어떤 상황이냐가 아니라, 어떤 마음을 가지느냐이다. 고객이 당신을 화나게 만드는가? 함께 열을 받아 흥분할 것이 아니라 일부러라도 한번 웃어보자. 결과는 훨씬 좋아질 것이다.

건강을 위해 웃어라

웃음은 몸의 항체를 강화하고 통증을 완화시키며, 감기를 예방하고 혈압과 심장 혈관 기능을 좋게 만든다. 또한 웃음은 암의 확산을 늦추는 데도 도움이 된다. 미국의 작가 커즌스는 난치병의 일종으로 서서히 뼈가 굳는 희귀성 관절병을 앓고 있었다. 날이 갈수록 통증이 심해져 고통스럽던 어느 날, 녹화된 코미디 프로그램을 시청하면서 계속 큰 소리로 웃었더니 그 시간만큼은 통증이 완화된다는 것을 알게 되었다. 그 이후 그는 캘리포니아대 부속 병원에서 웃음의 의학적 효능을 지속적으로 연구하여 웃음이 건강을 회복하게 만드는 강한 힘을 가지고 있다는 것을 밝혀냈다.

지금 미소를 지어보자. 통증이 사라질 것이다.

미용을 위해 웃어라

나이팅게일은 "가장 아름다운 최고의 화장술은 웃음이다."라고 강조했다. 미소는 그 어떤 화장품보다 아름다운 얼굴을 만들어주는 최상의 화장품이다. 입 꼬리를 살짝 올리고 따뜻한 시선으로 상대방을 바라본다면 당신의 미소가 사람을 끌어당기는 자석이 되어 사회적인 성공을 낳는 밑거름이 될 것이다.

인간관계를 위해 웃어라

미소는 사람과 사람 사이를 편안하게 이어준다. 처음 만난 사람과 마주 앉아 있다고 상상해 보라. 누구든 처음 만났을 때는 어색할 수밖에 없다. 이 어색함을 빨리 없애려면 어떻게 하는 것이 좋을까? 이때 가볍고 따뜻한 미소를 한번 보내보라. 얼굴이 꽃이라면 미소는 좋은 향기와 같아서 마음의 문을 열어주는 인간관계의 윤활유가 된다. 향기가 나는 좋은 표정은 상대방으로 하여금 편안함과 신뢰감으로 이어져 좋은 관계로 이어진다.

self-check 점검하기
스마일 체크리스트

다음 항목에 대해 자신의 점수를 매긴 후 합계를 구해 보세요.
매우 그렇다 : 10점 / 보통이다 : 5점 / 그렇지 않다 : 0점

Total

		0점	5점	10점
1	자신의 웃는 얼굴이 마음에 드는가?			
2	따뜻하고 자연스런 표정으로 고객을 응대하는가?			
3	자신의 웃는 얼굴에 대해 타인의 칭찬을 받은 적이 있는가?			
4	입을 가리지 않고 자연스럽게 치아가 드러나게 웃는가?			
5	기쁘거나 심각한 상황에 맞도록 자연스럽게 표정을 연출할 수 있는가?			
6	웃는 얼굴이 건강에 좋다고 생각하는가?			
7	처음 만난 사람에게도 편안하고 부드러운 표정을 지을 수 있는가?			
8	보다 예쁘게 하기 위해 거울을 보며 연습을 하는가?			
9	웃음소리는 밝고 명랑한가?			
10	자연스럽고 부드러운 시선으로 상대방을 바라보는가?			

1948년 미국 아이다호 주의 포카텔로 시의 필립 시장은 '웃지 않으면 체포하라'는 법령을 만들었다. '시민들의 굳은 인상이 도시 이미지에 좋지 않은 영향을 끼친다.'라는 판단에서였다. 그리고 도시 축제 기간 중에 웃지 않아서 상대에게 불쾌감을 준다면 그 사람을 체포해 가짜 감옥에 수감한 후 기부금을 내야 출옥시켜 주었다. 그 후 1987년에 시청 직원이 이 해프닝을 신문사에 투고하여 포카텔로는 미국의 '스마일 수도'로 정해지기도 했다.

여러분의 평상시 표정은 어떠한가? 부드럽고 따뜻한 표정인가, 아니면 체포당할 표정인가?

100~90점 당신의 웃는 얼굴은 아름답고 매력적이다
당신의 미소는 사람의 마음의 문을 열게 하며 인간관계의 윤활유 역할을 한다. 미소가 밝은 당신은 매사에 긍정적인 사람으로 비쳐 지속적인 대인 관계에도 좋은 영향을 끼치고 있으며 지금의 눈부신 표정은 당신 자신에게 에너지를 샘솟게 한다. 당신의 웃음이 타인에게 또 다른 웃음으로 전파될 것이다.

89~70점 상대방이나 상황에 따른 표정 연출에 조금 더 세심한 주의가 필요하다
당신의 표정은 우수한 편이지만 어떤 상황인가에 따라서 상황에 맞는 풍부한 표정을 자연스럽게 연출하고 얼굴에 담을 수 있어야 한다. 기쁠 때는 웃는 얼굴을, 심각한 상황에서는 진지한 표정을 자연스럽게 지을 수 있도록 노력하라. 언제나 성의 있는 표정이 담긴 얼굴로 인해 당신은 한층 더 돋보이게 될 것이다.

70점 미만 웃을 일이 있어야만 웃거나 웃을 일이 있어도 웃지 않는, 웃음을 대수롭지 않게 여기는 사람이다
웃음이 자신에게 주는 좋은 영향에 대해 깊이 생각해 보고 웃음에 대한 긍정적 가치를 인식하라. 꾸준한 표정 관리와 연습을 통해 자연스런 표정을 연출할 수 있도록 해야 하며 좋은 표정을 위해서는 상황을 탓하기보다 '그럼에도 불구하고 웃을 수 있는 긍정적 마인드를 함양하기', '힘이 들어도 여유와 희망 품기', '나부터 크게 웃기' 등을 실천하라.

좋은 인사는 호감을 준다

Greeting

5

친절한 인사는
강도도 물리친다

　인사는 일상생활을 영위하는 데 있어 가장 기본적인 예절이며 마음에서 우러나오는 만남의 첫걸음이며 마음가짐의 외적 표현이다. 인사를 한다는 것은 상대방과 인간관계를 맺는 신호를 보내는 것이고 상대방에 대한 존경심과 친절을 나타내는 행동이다.

　특히 직장 내에서는 다양한 사람들이 모여 함께 일을 하므로 상호 유연하고 부드러운 관계를 위해서라도 제대로 인사를 하는 것은 중요하다. 회사에서는 보안을 위해서도 인사는 매우 필요하다.

　'인사를 잘하면 강도도 감동시킨다.'고 하는데, 2006년에 있었던 은행 강도에 관한 에피소드를 소개하겠다.

　모 은행에 강도가 들었다. 하지만 그 강도는 곧 체포되었고 수사관은 그 강도에게 왜 그 은행을 범행 대상으로 정했는지, 범행 동기는 무엇인지 등에 대해 물었다. 이에 대한 강도의 대답이 무척 흥미로웠다. 원래는 자신이 범행하기로 마음먹은 은행은 다른 은행이었다고 털어놓은 것이다. 그런데 범행 대상으로 마음먹은 ○○은행은 은행에 들어가는 순간부터 직원들이 일제히 자신을 보면서 "안녕하세요?"라고 방긋 인사를 했으며 은행을 나가려고 할 때도 직원들이 자신을 계속 보고 있었는지 "안녕히 가세요, 또 뵙겠습니다."라고 인사를 하더라는 것이다. 나중에 다시 방문을 할 때도 마찬가지 현상이 벌어지자 도저히 자신의 얼굴이 알려져 안 되겠다고 판단하여 다른 은행을 범행 장소로 정했다고 했다.

악수는 신뢰감의 표시이다

누군가 악수를 하자고 손을 내민다면 자연스럽게 악수에 응할 수 있는가? 남성들에 비해 우리나라 여성들은 악수를 하는 횟수나 경험이 적어서인지 상대방이 악수를 청했을 때 다소 당황스러워하는 경우가 많다. 그런 심리는 어설픈 표정과 동작으로 이어져서 어정쩡한 악수를 함으로써 무성의하고 자신감 없는 사람처럼 잘못 비쳐진다. 좋은 인상을 주기 위해서는 악수를 할 때 쑥스러워하지 말고 당당하게 해야 한다.

정치인들은 선거철이 되면 만나는 유권자들 누구에게나 먼저 손을 내밀고 악수를 청한다. 이런 경우 악수를 하는 정치인들은 유권자와 악수 시 깊은 인상과 신뢰감을 심어주기 위해 손에 힘을 주고 상대방의 손을 꾸욱 잡는다. 악수를 할 때 상대방의 손을 건성으로 대충 잡는 법이 없으며 성의를 다해 악수를 한다.

짧은 순간의 악수가 오랜 인상을 남긴다

정치인들은 유권자와 악수를 할 때 깊은 인상과 신뢰감을 심어주기 위해 손을 꼬옥 잡는다. 미국의 클린턴 대통령은 1963년 고등학교에 재학할 당시 케네디 대통령과 악수하면서 깊은 인상이 남아 대통령이 되겠다고 결심했다고 한다. 이처럼 악수를 했던 상대방에 대한 인상은 오래 기억에 남는다.

그러나 악수의 중요성에 비해 악수와 관련된 예절은 다른 예절과 달리 크게 두드러지지도 않고 이로 인해 피해를 보는 경우가 거의 없으므로 소홀히 생각하기 쉽다. 악수에도 분명히 예절은 있다. 만약 당신이 어떤 사람과 악수를 할 때 상대방이 당신의 손을 잡는 둥 마는 둥 한다면 기분이 상할 것이다. 악수를 청해 놓고 다른 곳을 보면서 인사를 나눈다면 그 역시 기분이 상하는 것은 물론 신뢰감마저 떨어질 것이다.

이런 점을 감안해 볼 때 짧은 몇 초간에 이루어지는 악수에도 최소한 지켜야 할 에티켓은 있다. 동양 문화에 익숙하지 않은 서양인들은 동양인들이 경직된 표정과 굽신거리며 악수를 하는 태도에 종종 의아함을 느낀다고 한다. 요즘과 같은 국제화 시대에 올바른 악수 방법을 알아둔다면 대인 관계에 많은 도움이 될 것이다.

악수는 앵글로색슨계 민족들 사이에서 자연스레 생겨난 인사 방식이다. 남자들이 우호적 관계를 맺고 싶을 때 공격하지 않겠다는 뜻으로 오른손을 내민 것이 유래가 되었다. 보통의 경우는 오른손이 곧 무기를 쥐는 손이기 때문이다. 따라서 지금도 특별한 장애가 없는 한 왼손은 차려 자세를 유지하고 오른손을 내밀며 악수를 하는 것이 매너이다. 역사적으로는 정치 유세에 악수를 처음 사용한 정치인은 1860년 미국 대통령 선거에서 링컨에게 패한 스티븐 더글라스Stephen A. Douglas라고 전해진다. 아마 보다 친근감을 느끼게 하고 싶어서 손을 잡는 형식을 취하지 않았을까?

바른 인사와 바르지 못한 인사

5단계 바른 인사법

1 | 상대를 향해 바르게 선다

- 어깨에 힘을 빼고 가슴과 등은 바르고 자연스럽게 편다.
- 시선은 정면, 표정은 부드럽게 유지한다.
- 여성은 오른손을 왼손 등 위에 놓은 공수 자세, 남성은 가볍게 주먹을 쥐고 바지 재봉선에 붙인다.
- 발뒤꿈치는 V자 모양, 양발의 경우 여성은 약 30도 정도 벌리고 남성은 30~45도 정도 벌린다.

여성과 남성의 인사 자세

공수 자세

공손한 자세에서의 손의 모습은 두 손을 앞으로 모아 잡는데 이러한 자세를 취하는 것을 공수(拱手 : 두 손 맞잡은 공, 손 수)라고 한다.

2 | 상체를 숙인다

- 목만 아래로 꺾어 자신의 발을 바라보는 인사 자세를 취하는 것이 아니라 뒤통수와 등과 목이 일직선이 되도록 숙인다.
- 엉덩이는 뒤로 빠지지 않게 한다.

3 | 잠시 자세를 멈춘다

- 상체를 숙인 상태에서 약 1초간 정지한다.
- 숙이자마자 바로 올라오면 무성의한 느낌을 줄 수 있다.

4 | 천천히 상체를 든다

- 상체를 숙일 때보다 다소 천천히 들어야 정중한 느낌이 든다.
- 후다닥 올라오지 않도록 유의한다.

5 | 똑바로 선다

- 시선은 다시 상대를 향하도록 한다.
- 표정은 언제나 부드럽게 유지한다.

인사를 잘해서 손해를 보는 경우는 없으므로 일단 사람을 만나면 무조건 인사하는 습관을 기르자. 망설이다가 시기를 놓쳐서 인간성이 못됐다는 둥 잘난 척한다는 둥 자신의 진심과 다르게 오해를 받지 않도록 주의한다. 고개만 까닥 숙이는 무성의한 인사를 하지 말고 이왕이면 이 5단계 인사 연습을 통해 바른 자세로 인사를 해보면 어떨까?

피해야 하는 인사 10

❶ 고개만 까딱 또는 옆으로 하는 인사
❷ 몸은 숙이지 않고 말로만 하는 인사
❸ 할까 말까 망설임이 느껴지는 인사
❹ 상대를 쳐다보지 않고 하는 인사
❺ 무표정한 인사
❻ 손을 주머니에 넣고 하는 인사
❼ 마음을 싣지 않은 무의미한 인사
❽ 턱을 쳐들고 하는 인사
❾ 앞머리가 얼굴을 덮어 으시시한 인사
❿ 마지못해 하는 인사

정성과 호의를 나타내는 악수

① 악수는 원칙적으로 오른손으로 한다. 한국인의 정서상 상급자나 연장자와 악수를 할 경우라면 왼손은 가볍게 오른손을 받치면서 상체를 약간 숙이는 것도 괜찮지만 너무 굽신거리는 인상을 주지 않도록 한다.

② 장갑을 착용했을 때는 벗고 하는 것이 원칙이나 여성의 경우는 장갑을 끼고 악수를 해도 예의에 어긋나는 것은 아니다. 또 의전(儀典)상 장갑을 끼어야 하는 경우에는 굳이 장갑을 벗지 않아도 된다.

③ 악수를 할 때는 가볍게 손을 상하로 흔드는 것도 무방하다. 그러나 자신의 어깨보다 높이 흔들어서는 안 된다. 특히 여성과 악수를 할 때는 남자와 악수를 하는 것처럼 손을 마구 흔드는 것은 좋지 않다. 또한

악수의 주도권은 상사가 가져야 하며 그렇다고 너무 힘을 빼고 손을 잡는 것은 무성의해 보일 것이므로 상대방보다 약간 힘을 빼는 정도가 적당하다.

④ 오른손에 짐을 들고 있다고 해서 왼손으로 악수를 청하는 것은 결례이다.

⑤ 처음에는 가볍게 손을 쥐고 차차 힘을 주면서 서로의 정성과 호의를 나타내어야 한다.

⑥ 악수는 원칙적으로 연장자나 상급자가 먼저 청한다.

⑦ 이성끼리의 악수에 있어서는 남성보다 여성이 먼저 청하는 것이 예의이다.

⑧ 직장 내에서는 남성 상사가 여성 부하 직원에게 먼저 악수를 청한다.

상황에 따라 달라지는 인사법

올바른 인사 역시 때와 장소에 따라 달라진다. 어떤 상황에서는 눈인사만으로도 가능하지만 어떤 상황에서는 상체를 충분히 숙여야 한다. 상황에 맞는 인사의 종류는 눈인사, 목례, 보통례, 정중례 4가지가 있다.

인사의 종류

1 | 눈인사

상체를 숙이지 않고 상대를 보면서 눈으로 하는 인사.

기다림은 누구에게나 지루하다. 그러나 기다리면서도 마음이 편안할 때가 있고 더욱더 지루하고 따분하게 느껴지는 경우가 있다. 은행에서 자신의 차례를 기다리고 있을 때 창구 직원이 눈으로 고객들에게 보내는 인사는 '제가 조금 더 빨리 할 테니 잠시만 기다려 달라.'는 좋은 신호이다.

얼마 전 필자는 지방에 강의를

가기 위해 서울역 매표 창구에서 줄을 서서 차례를 기다리고 있었다. 그런데 내 앞의 고객이 표를 여러 장 사는지 시간이 많이 걸렸다. 내가 매표 처리 시간이 길다고 느낄 때쯤 매표 담당 직원이 살며시 고개를 들면서 내게 눈인사를 해왔다. 그 순간 '아, 내가 뒤에서 기다리고 있다는 것을 잘 알고 있구나, 다행이다.'라는 생각이 들면서 안심이 되었다.

눈인사는 오래 기다리는 분에게 사인을 보내는 수단으로 혹은 친한 사람들끼리 만났을 때 굳이 상체를 숙이지 않고 눈으로 마음을 표현하는 인사법이다.

2 | 목례

상체를 5~15도 각도로 가볍게 숙이는 인사. 엘리베이터 안, 복도나 계단 등 좁은 장소에서 상대가 상사이거나 중요한 사람이라고 해서 고개를 너무 숙인다면 인사를 받는 사람도 인사하는 사람이 센스 없는 사람이라고 생각할 것이고 또한 주변 사람들도 무척 불편해 할 것이다.

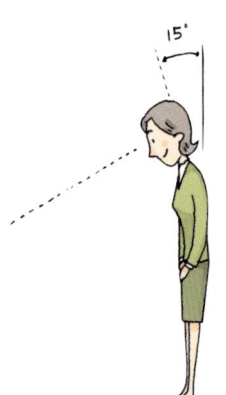

하루에 여러 번 마주치는 경우 볼 때마다 너무 격식을 갖추어 인사를 한다면 오히려 고지식한 사람으로 비칠 것이므로 간단하게 고개를 숙이면서 밝게 웃어주는 목례가 좋다. 전화를 받고 있거나 대답 요청을 받았을 때도 간단하게 고개를 숙이는 정도의 목례를 한다.

3 | 보통례

상체를 30도 각도로 숙이면서 하는 일반적인 인사. 가장 많이 활용되는 인사로 고객을 맞이하거나 배웅할 때 상체를 30도 정도 숙여 인사하면 보기 좋은 보통례가 된다. 주로 업무상 만나게 되는 고객, 상사 그리고 일상적인 인사를 할 때는 보통례로 인사한다.

4 | 정중례

상체를 45도 각도로 숙이면서 하는 감사 또는 사죄의 인사. 깊은 감사와 존경, 진심 어린 사과, 정중하고 격식을 차린 자리에서 사용하는 인사이다. 가급적 표정도 정중하게 유지한다.

좋은 인사 5가지 포인트

1 | 내가 먼저 한다

인사는 누가 먼저 해야 할까? 인사는 아랫사람이 먼저 해야 한다고 알고 있는 사람들이 의외로 많다. 아랫사람이 윗사람에게 먼저 인사를 하는 것은 당연한 도리이나 인사는 지위고하를 막론하고 상대방을 먼저 본 사람이 하는 것이 더 좋다. 인사는 극히 짧은 순간에 일어나므로 할까 말까 망설이다 보면 적절한 시기를 놓치게 된다. 친분이 없는 사람이라도 먼저 인사함으로써 인간관계를 형성할 수 있고 어색한 분위기를 편안하

게 만들어 줄 수 있다. 상대가 '나의 인사를 받아 줄 것인가?', '저 사람에게 내가 인사를 해야 하나?'라는 생각보다는 먼저 인사를 해 버리면 마음이 훨씬 가벼워진다. 오히려 인사를 하지 않는 것은 상대방에게 나의 모습이 고압적으로 비칠 수 있으니 주의해야 할 것이다.

2 | 상대를 보고 한다

누군가 내게 인사를 하기는 한 것 같은데 애매모호한 경우가 있다. 이런 경우 인사를 받아야 하는지 약간 망설이게 되는데, 이는 인사를 하기 전후에 눈 맞춤이 정확하지 못했기 때문에 나오는 현상이다. 상대방을 향하고 기본자세를 취한 뒤 인사를 해야 하며 인사의 전후에는 상대의 눈을 봐야 한다.

3 | 미소 띤 음성으로 한다

인사의 태도는 정중한데 무성의한 말투라면 기분이 어떨까? '마지못해서 억지로 하는 인사, 건성으로 어쩔 수 없이 하는 인사'라는 생각이 들어 진심이 제대로 전달되기는 어려울 것이다. 인사는 마음을 열어 주는 표현이므로 정성이 담긴 음성으로 인사해야 한다.

4 | 밝은 표정을 유지한다

표정없는 인사는 진실한 인사라고 생각하기 어렵고 소극적인 자세로 비치므로 밝은 표정으로 인사해야 한다. 밝게 하는 인사는 자신의 마음뿐만 아니라 상대방의 마음도 즐겁게 만들어준다. 경직된 표정이나 무표정으로 인사를 한다면 자칫 불쾌한 느낌으로 전달될 수 있으므로 감정을 담은 표정으로 호감 주는 인사를 해야 한다.

5 | 알맞은 인사말을 한다

상대의 상황에 맞게 인사말을 하면 훨씬 더 친밀한 감정이 전달된다. 안녕하세요 혹은 어서 오세요와 같이 늘 같은 인사말을 반복적으로 건넨다면 식상하고 기계적인 느낌이 든다. 자신과 상대방과의 관계가 얼마나 친근한지에 따라서, 혹은 상대방이 어떤 상황인지에 따라서 그에 알맞은 센스 있는 인사를 하면 좋다. "감기는 괜찮으세요?", "오늘 넥타이가 정말 멋지네요.", " 주말 잘 보내셨습니까?", "오늘은 기온이 뚝 떨어졌네요."

인사 체크리스트

 다음 항목에 대해 자신의 점수를 매긴 후 합계를 구해 보세요.
매우 그렇다 : 10점 / 보통이다 : 5점 / 그렇지 않다 : 0점

Total

		0점	5점	10점
1	"안녕하십니까? 반갑습니다."라고 먼저 밝게 인사하는 편인가?			
2	"다녀오겠습니다", "다녀왔습니다."라는 인사말을 집에서 늘 하는가?			
3	이웃의 아는 사람을 길에서 만나면 미소를 지으며 아는 척을 하는가?			
4	사람 사이를 지나갈 때 "실례하겠습니다."라고 양해를 구하는가?			
5	복잡한 엘리베이터에서 내릴 때 앞에 서 있는 다른 사람에게 "먼저 내리겠습니다."라고 양해를 구하는가?			
6	상대방에게 사소한 것이라도 도움을 받았을 때 "감사합니다."라고 곧바로 말할 수 있는가?			
7	인사를 받으면 즉시 상대방에게 맞는 인사를 반갑게 받아주는가?			
8	상대방에게 진심으로 신뢰감을 주는 악수를 할 수 있는가?			
9	악수 에티켓을 정확히 숙지하고 실천하는가?			
10	상대방이나 상황에 맞는 자연스런 인사, 악수를 할 수 있는가?			

잘 아는 후배가 입사했을 때 일이다. 시력이 좋지 않은 후배는 출퇴근 때 만난 동료 직원들을 알아보지 못해서 인사를 하지 못한 몇 번의 실수로 인해 타 부서 사람들에게 오해를 받아서 속상하다고 했다. 부드럽고 재미있는 성격의 후배였는데 인사를 하지 않는 그 태도가 도도한 인상으로 보였던 것이다.

상대방을 알든 모르든 반갑게 인사를 해서 나쁠 것은 없다. 평상시 여러분의 인사 모습은 상대방에게 호감을 주고 있는가?

100~90점 당신의 예의 바른 인사는 좋은 인상으로 기억에 남게 한다

진심 어린 마음으로 전하는 자연스런 인사 태도가 상대방에게 신뢰감을 주고 더불어 상황에 맞도록 인사말을 센스 있게 함으로써 당신에게 많은 사람들이 친밀감을 느낄 것이다. 당신을 만나는 사람들이 한층 더 기분이 밝아질 수 있도록 지금의 모습을 그대로 유지하라.

89~70점 전반적으로 우수한 편이나 작은 부분에 소홀한 점은 없는지 점검해 보라

고개만 많이 숙이거나, 인사말을 크게 건넨다고 해서 좋은 인사는 아니다. 상대에 맞게 상황별 인사법을 익히고 실천한다면 더욱 완벽한 인사를 통해 긍정적인 인상을 남기게 될 것이다.

70점 미만 인사를 잘하지 않아 불손하고 도도한 인상으로 비친다

자신의 마음을 인사로 표현하라. 일단 인사를 해보면 그리 어렵지 않다. 다음과 같이 매일 실천하라. 눈을 보고 미소 지으며 인사하기, 밝고 명랑한 목소리로 인사하기, 보면 즉시 인사하기, 상황을 고려하여 인사말 건네기 등이다. 실천하기 쉬운 부분부터 조금씩 실천하면 된다.

용모와 복장은 나를 알리는 명함이다

Grooming

6

당당해지려면 제대로 갖춰 입어라

옷이란 입어서 편안하고 깨끗하기만 하면 된다고 생각하는 사람들도 있지만 그것은 잘못된 생각이다. 용모와 복장은 비즈니스의 중요한 전략적 수단이다. 상대방을 존경하고 배려하는 사람들일수록 어떤 옷을 입어야 할지 세심한 주의를 기울인다.

최근 들어 비즈니스 정장을 입던 직원들의 복장이 비즈니스 캐주얼로 바뀌어 가고 있다. 특히 슈트와 넥타이의 전형적인 정장 차림을 선호했던 금융 서비스 종사자, 항공사 직원들마저도 넥타이를 매지 않는 등 비즈니스 캐주얼이 점점 확산되고 있는 추세이다. 하지만 넥타이를 매지 않아도 된다고 해서 라운드 티셔츠에 청바지를 입는다면 이런 모습은 직장에 놀러 나온 것이지 일하러 나온 사람의 이미지라고 보기는 어려울 것이다. 최소한 칼라가 있는 셔츠를 입어야 하며 잘 다려진 차분한 색상의 진바지를 입는 것이 좋다.

비즈니스 캐주얼은 캐주얼 복장을 의미하는 것이 아니라 비즈니스가 우선 강조된 업무에 편한 옷을 말한다. 벤처 기업은 젊고 자유로운 조직의 분위기에 걸맞게 일찍부터 복장에 있어서 자유로운 편이다. 회사에서 직원들에게 복장에 대한 자율성을 부여했다고 하여 아무 옷이나 입어도 된다는 것은 아니다. 만약 더운 여름에 민소매와 짧은 반바지, 슬리퍼 차림으로 업무를 하고 있는데 갑자기 고객이 방문했다면 어떨까? 반대로 피서지가 연상되는 복장으로 고객을 방문해야 한다면 좋은 비즈니스 성과를 기대할 수 있을까?

자신의 모습이 일의 성과와 직장의 분위기를 연출하고 있다는 사실을 늘 염두에 두고 옷을 입도록 해야 한다.

용모는 자신을 어필하는 수단이다

깔끔한 용모와 복장을 갖추는 것은 비즈니스의 중요한 전략적 수단이다. 유명한 영업왕들은 남들이 자칫 간과하기 쉬운 소품 하나에까지 섬세하게 정성을 기울인다. 그들은 고객들에게 계약서에 서명을 받을 때에도 평상시 막 쓰는 볼펜을 불쑥 내미는 법이 없다. 디자인이 우수하고 품질이 좋은 볼펜을 따로 준비하여 고객의 자존감을 높여준다. 작은 소품 하나, 액세서리 하나에도 고객을 배려하는 마음이 담겨 있으며 이와 같이 성의 있는 용모·복장이 고객에게 얼마나 신뢰감을 줄 수 있는지 영업왕들은 잘 알고 있다.

외모나 복장만으로 사람을 평가하는 태도는 바람직하지 않지만 대부분의 사람들은 외형적인 모습만으로 1차적 인상을 갖게 된다. 지저분하고 단정하지 못한 용모·복장은 상대적으로 깔끔하고 단정한 용모·복장을 한 사람에 비해 좋은 인상을 줄 수 없으며 업무 처리 능력도 뒤처질 것이라는 연상을 하게 만든다. 복장 상태를 어떻게 유지하느냐에 따라서 상대방이 나를 판단하는 느낌이 달라진다는 것을 알 수 있다. 특정 집단의 사람들을 만나거나, 특수한 직업을 가진 사람들을 제외한다면 누구에게나 호감을 줄 수 있는 T.P.O(time 시간, place 장소, occasion 상황)에 맞는 보편적이고 단정한 정장 차림이 바람직하다.

    프로 직장인의 당당한 이미지는 직업에 적합한 옷차림을 제대로 갖춰 입는 데서부터 나온다. 그리고 이를 통해 자신감 있는 행동이 나오고 신뢰감이 발산된다. 상대방에게 따뜻하고 전문가다운 이미지를 주고 싶다면 자신에게 맞는 용모·복장은 어떤 것인지 정확히 진단을 하고 자신의 직업에 적합한 용모와 복장을 선택할 줄 알아야 한다.

    많은 사람들과 접촉해야 하는 현대 사회생활에 있어서 복장은 단순한 옷이 아니다. 옷 본래의 기능뿐만 아니라 상대방에게 영향력 있는 메시지 전달 수단이 됨과 동시에 자기 자신을 알리는 명함이다. 상대방의 옷차림만으로도 무엇을 하는 사람인지 추측할 수 있는 것을 보면 직업과 용모·복장은 매우 밀접하며 자신의 직업에 어울리는 복장을 갖추도록 노력해야 하는 것은 당연한 자세이다.

    필자를 만나는 많은 사람들은 내 모습만 보고도 "선생님처럼 보인다."라고 말한다. 직업의 특성상 상대방에게 깔끔함과 신뢰감을 주는 것이 무척 중요하기 때문에 단정한 정장 차림과 깔끔한 머리 모양을 유지하려고 노력한 결과 타인에게도 내가 선생님처럼 비쳐지는 것 같다.

사회생활을 하는 직장인들이라면 자신이 입고 싶은 옷을 입기보다는 상대방에게 호감을 줄 수 있는 복장을 해야 한다. 정장 차림이 편안한 복장은 아니지만 공적인 자리에서는 정장을 입는 것이 좋다. 그런 복장 형태가 상대방에게 신뢰감을 주기 때문이다.

컴퓨터 황제란 별명을 가진 빌 게이츠William H. Gates 마이크로소프트 사 회장은 한때 바가지 형태의 헤어스타일과 얼굴을 덮을 만큼 커다란 안경, 캐주얼 복장 등 기술자의 이미지가 더 강했다고 한다. 소프트웨어 회사를 찾던 IBM의 간부들이 마이크로소프트를 방문했을 때의 일이다. 청바지에 셔츠를 입은 한 청년이 그들을 사장실로 안내했다. 잠시 후 프로그램 기술자로만 보였던 그 청년이 빌 게이츠란 사실을 알고 놀란 간부들은 빌 게이츠와 다음에 만날 약속만 정한 후 그냥 되돌아갔다. 며칠 후 다시 만나게 된 IBM 간부들과 빌 게이츠는 서로의 모습을 보자마자 웃기 시작했다. 빌 게이츠는 검은색 쓰리피스 슈트의 정중한 정장 차림이었고 IBM의 간부들은 캐주얼 바지에 면 티셔츠를 입고 있었기 때문이다. 서로를 배려하는 마음에서 상대방의 옷차림에 자신을 맞추려다 생긴 에피소드이다. 그 후 IBM 간부들은 빌 게이츠를 더욱 신뢰하게 되었고, 마이크로소프트는 MS-DOS를 탄생시켰다. 당시 빌 게이츠가 입었던

블랙 슈트는 성공과 황금을 몰고 왔다 해서 '황금의 블랙 슈트'로 불린다.

대부분의 경우 생김새나 복장, 표정 등 외형적인 모습 등 극히 짧은 시간 안에 시각적으로 보여지는 제한된 정보만으로 상대방의 인상은 결정되므로 사람이 입고 있는 옷은 사람의 인상에 결정적 요소이다. 이쯤이면 용모와 복장을 쉽게 간주할 수는 없을 것이다. 자신의 직위와 역할에 어울리는 옷차림을 연출하는 것은 업무 능력의 중요한 요소이다. 아무리 실력이 뛰어나고 빼어난 외모를 갖추었다고 해도 입기 편한 캐주얼이나 운동복과 같은 옷만 고집하고 상황에 맞는 옷차림을 연출하지 못한다면 신뢰감을 줄 수 없다. 신뢰감을 주기 위한 관계를 맺고자 할 때 상황과 상대방에게 맞추려는 예의 바른 복장은 매우 도움이 된다. 예를 들어 고객을 만날 때 정장을 입어야 할 영업 사원이 캐주얼 차림을 하고 있다면 고객은 무시당했다고 생각하여 불쾌감을 느낄 것이다.

직장 분위기에 따라 꼭 양복을 입지 않아도 되는 회사라면 업무에 맞는 기능적이고 단정한 복장 상태를 유지하면 된다. 셔츠에 진바지 등을 입는 것은 괜찮지만 반바지나 슬리퍼, 민소매 등을 입고 출퇴근한다면 일을 하는 직장인의 모습이라고 보기는 어렵다. 자신이 진정한 프로 직장인이라면 자신의 편안함을 추구하기보다 고객의 신뢰를 얻기 위해 상대방을 배려하는 옷차림을 해야 하며 자신의 직업에 맞는 용모와 복장을 고려해야 한다.

남성이 갖춰야 할 용모와 복장

예전에는 여성에게 주로 요구되던 이미지 메이킹이 요즘 들어서는 남성에게도 상당히 중요한 영역으로 강조되고 있다. 남성도 자신을 끊임없이 진단하고 좋은 이미지를 갖추어 나갈 수 있도록 관심을 가지고 노력, 개선해 나가야 한다.

단정한 용모

- 앞머리는 이마를, 옆머리는 귀를, 뒷머리는 드레스 셔츠 깃을 덮지 않도록 한다. 머리는 단정하게 빗고 젤이나 무스를 사용하여 깔끔한 모양을 유지하며 지나친 염색이나 머리 모양을 하지 않는다.
- 매일 면도하고 코털이 밖으로 보이지 않도록 주의한다. 면도 후에는 애프터세이브 로션을 발라 촉촉한 피부를 유지한다. 촉촉하고 깨끗한 피부 톤이 좋은 인상을 주는 것은 당연하다.
- 손톱은 짧게 자르고 손톱 밑에 때가 끼지 않도록 청결에 신경 쓴다.
- 서류 가방은 깔끔하게 정리한다. 잡다한 물건들로 가득 찬, 정리가 안 된 지저분한 서류 가방은 신뢰감을 떨어뜨린다.
- 너무 진한 향수를 뿌리기보다 은은하게 향수를 뿌리는 것이 좋다. 특

히 식사 약속 시에는 진한 향이 불쾌감을 줄 수 있으므로 주의한다.

깔끔한 복장

- 유행에 집착하기보다 조직의 이미지에 맞는 기능적이고 품위 있는 사무용 정장Bussiness Suit을 입는다.
- 근무복을 입을 때는 반드시 신분증이나 명찰은 정 위치에 부착한다.
- 양복에 조끼를 입을 때에는 몸에 꼭 맞는 크기를 착용하며 맨 아래 단추는 풀고 나머지 단추는 채운다.
- 바지의 길이는 서 있을 때 단이 구두코에 가볍게 닿는 정도가 좋다.
- 드레스 셔츠의 소매 길이는 손 등 위로 알맞게 얹히도록 1~1.5㎝ 정도 보이도록 착용하고 상의 뒤쪽 깃으로부터 1㎝ 정도 나오게 입는다.
- 넥타이를 맨 길이는 벨트의 버클을 약간 덮을 정도가 적당하다.
- 넥타이의 색깔은 양복과 동일색이 무난하며, 보색 계통의 넥타이는 생동감이 느껴진다.
- 양말은 바짓단에 가려 보이지 않을 거라는 생각으로 흰색 양말 등을 신는 경우가 많은데 바지 색보다 진한 색이나 검은색을 신는다.
- 구두는 바지와 비슷한 계열의 색상이 좋다.
- 양복과 어울리지 않는 색상, 지나치게 화려한 디자인의 벨트는 피한다. 특히 특정 회사의 로고가 두드러진 것은 품위를 손상시킨다. 지나치게 폭이 넓거나 버클 모양이 요란한 것은 피한다.
- 정장을 입을 때는 금목걸이와 같은 액세서리가 밖으로 보이지 않도록 하고 돌출된 반지는 착용하지 않는 것이 좋다.
- 서스펜더(일명 멜빵)와 벨트를 함께 착용하지 않는다.

여성이 갖춰야 할 용모와 복장

여성 직장인의 바람직한 용모는 예쁜 얼굴이 아니라 단정하고 깔끔함이다. 또한 복장도 명품으로 치장하거나 패션모델이 되라는 것이 아니라 업무에 맞는 기능성이 있는 깨끗한 복장이어야 한다. 따라서 자신의 체형에 맞는 디자인과 얼굴색이나 머리색에 맞는 색상을 골라야 한다.

단정한 용모

- 직장인으로서 최소한의 화장은 기본이다. 단, 너무 진하거나 야하지 않도록 자연스럽게 한다.
- 피부 톤은 밝고 깔끔한 느낌이 들도록 하며 립스틱은 밝은 색으로 바른다.
- 얼굴색을 밝고 건강하게 보이려면 자신의 피부 톤과 비슷한 색상의 베이스 화장품을 바르고 자연미를 살린다.
- 눈 화장은 자연스럽게 바르며 아이라인을 너무 진하게 그리지 않는다. 눈이 작은 사람은 더욱 작아 보이며 눈이 큰 사람은 아이라인을 그리지 않아도 시원해 보인다.
- 너무 유행에 민감한 머리 모양은 하지 않는다. 지나친 파마와 염색을

하여 유행을 앞서 가기보다 자신에게 맞는 헤어스타일을 단정하게 연출하는 것이 신뢰감을 줄 수 있다.
- 긴 머리는 단정하게 묶는다. 긴 머리를 고수하기보다 때로는 짧은 머리가 전문적으로 보일 수 있으니 시도해 보는 것도 좋다.
- 머리 염색은 튀지 않게 자연스럽게 하고 자연스런 헤어스타일을 유지한다.
- 손톱은 짧고 깨끗하게 유지하고 매니큐어는 연한 색으로 하고 벗겨지지 않도록 한다.
- 향수는 너무 자극적이지 않은 향을 선택해 적당량을 뿌린다. 스커트의 안단 쪽에 뿌려 향이 은은하게 올라오게 한다.

깔끔한 복장
- 디자인이 지나치게 요란하거나 화려한 옷은 피하는 것이 좋다.
- 근무복을 입을 때는 반드시 신분증이나 명찰은 정 위치에 부착한다.
- 지나치게 화려한 디자인이나 원색은 피하고 노출이 심한 복장은 삼간다.
- 속이 비치지 않는 옷으로 입는다.
- 옷은 자주 세탁하고 구김이 잘 가는 소재는 다림질하여 단정하게 입는다.
- 슬리퍼를 질질 끌고 다니지 않도록 하고 사무실 내에서 일할 때 신는 신발을 따로 준비한다.
- 복잡한 액세서리나 큰 장신구를 달면 전문성이 떨어져 보이므로 적당한 크기로 세련되게 착용한다.

남성을 위한 체형별 코디네이션

간혹 너무 뚱뚱한 체형의 사람이 가로 스트라이프 무늬를 입어서 더 뚱뚱해 보이는 경우도 있고, 마른 사람이 세로 줄무늬 옷을 입어 더욱 빈약해 보이는 경우가 있다. 자기 체형을 고려하지 않고 옷을 입었기 때문이다. 자신의 체형을 파악해 장점은 살리고 단점은 보완하여 이미지를 연출하는 체형별 코디네이션은 매우 중요하다. 보통의 경우는 다음의 4가지 형태로 나누어 생각해 볼 수 있다.

1 | 키 작고 뚱뚱한 형

키가 크고 길어 보이도록 입는다. 세로 줄무늬나 위로 시선을 끌 수 있도록 위쪽에 포인트를 두는 것이 좋다. 색상은 중간 톤이 적당하며 선이 단정해 보이는 적당한 질감의 옷을 입는다. 두꺼운 소재나 투박한 질감의 옷은 더욱 둔해 보이며, 그렇다고 하여 몸매가 드러나는 하늘거리는 질감의 옷을 입는다면 뚱뚱한 몸이 드러나 보이므로 피하도록 한다.

목선이 올라오면 목이 짧아 보이므로 정장을 입을 경우 V존을 길게 하여 목선이 시원하고 길어 보이도록 하고, 넥타이도 세로선이 강조되는 디자인이 목을 길어 보이게 하는 데 효과적이다.

2 | 키 작고 마른 형

체형의 결점을 갖춘다고 너무 헐렁하게 입으면 더욱 왜소해 보여 작고 마른 체형을 강조하게 되므로 적당하게 볼륨감을 주어 여유를 갖도록 하는 것이 중요하다. 세로 줄무늬를 이용하여 키가 커 보이게 하고, 색상은 밝은 브라운이나 낙타색, 밝은 회색이 잘 어울린다. 단이 접힌 커프스(cuffs, 바지 단) 스타일의 바지는 키가 더 작아 보이므로 피해야 한다.

3 | 키 크고 뚱뚱한 형

키가 크고 뚱뚱한 형은 꽉 낀 옷을 입으면 체형이 더 강조되어 보이고 너무 헐렁하게 입으면 자칫 거대하고 둔해 보일 수 있다. 약간의 여유가 있는 옷으로 입어야 하며 어깨선이 일직선으로 딱 떨어지는 상의, 아래쪽으로 갈수록 통이 좁아지는 바지를 입는 것이 좋다. 색상은 연회색보다 진한 회색을 입으면 옆으로 퍼져 보이는 것을 막는 효과를 가져올 수 있다. 넥타이는 큰 무늬보다는 적당한 크기의 물방울 무늬가 좋다.

4 | 키 크고 마른 형

키 크고 마른 형은 분위기가 있어 보이는 형이기도 하지만 지나치게 크거나 마르면 구부정해 보이기도 하고 꺽다리와 같은 느낌이 들어 자칫 빈약해 보인다. 가급적 무늬는 옆으로 퍼진 것을 입어야 시선이 옆으로 퍼져 보여 빈약한 느낌을 보완할 수 있다. V존이 깊으면 더욱 말라 보이기 때문에 주의해야 하며 라펠(상의 깃)과 어깨가 넓은 것, 각이 진 어깨선을 강조하는 슈트가 좋다. 쓰리피스 슈트(상의, 바지, 조끼)도 좋다.

여성을 위한 체형별 코디네이션

체형이 완벽하다면 어떤 스타일의 옷이라도 소화할 수 있겠지만 그런 사람은 흔치 않다. 하지만 자기의 체형을 잘 파악해서 색상이나 액세서리로 포인트를 주면서 개성을 표현한다면 얼마든지 자신을 멋지게 연출할 수 있다. 보통의 경우는 다음의 4가지 형태로 나누어 생각해 볼 수 있다.

1 | 키 작고 뚱뚱한 형

무조건 체형을 커버하기보다 귀여움을 강조하도록 한다. 위아래 다른 색을 입으면 시선이 옆으로 퍼져서 작아 보이기 때문에 동색 계열의 차분한 색상을 선택해 시선이 위아래로 길게 연결되도록 하는 것이 좋다. 무늬는 큰 것보다 작은 것, 상의는 옅은 색을, 하의는 짙은 색을 입는다. 바지나 스커트는 자기 치수보다 1인치 정도 크게 입고, 적당한 H라인이나 플레어가 약간 들어간 것이 날씬해 보이며 투피스보다 원피스가 무난하다.

2 | 키 작고 마른 형

귀엽고 여성적인 느낌을 강조하여 발랄하게 보이는 것이 좋다. 체형의 결점을 갖춘다고 너무 어두운 계열의 색상을 입으면 초라해 보이고 더욱 왜

소해 보이므로 파스텔 톤이나 밝은 색의 옷으로 발랄함을 강조한다. 부분부분 포인트를 주면 시선을 분산시켜 키가 커 보이고 풍성해 보일 수 있다. 넉넉한 재킷과 팬츠로 여유 있는 실루엣을 만들거나 밝은 색의 재킷에 무릎 길이의 샤넬 라인 스커트나 반바지를 풍성하게 입어 발랄함을 연출하면 효과적이고, 상하를 언밸런스하게 입는 것이 멋스러울 수 있다.

3 | 키 크고 뚱뚱한 형

키가 크고 뚱뚱한 형은 옷을 잘못 입으면 자칫 거대해 보여 남성적인 인상을 줄 수 있다. 큰 박스형의 상의에 바지나 치마까지 헐렁한 스타일을 코디하면 전체적으로 너무 커 보일 수 있으므로 시선을 분산시키기 위한 코디 전략으로 통이 좁은 바지나 치마를 입는 것이 날씬해 보인다. 허리선이 약간 들어간 롱 재킷으로 엉덩이를 가려주는 것이 좋으며, 롱 재킷을 입을 때에는 발목으로 갈수록 통이 좁아지는 팬츠가 가장 무난하고 체형을 커버하기에 알맞다.

4 | 키 크고 마른 형

빈약해 보이는 단점을 보완하려면 레이어드 룩(겹쳐 입기)이 좋다. 예를 들어 마른 체형을 커버할 수 있도록 위아래로 시선을 분산시킬 수 있게 앞부분을 랩으로 만들어 여유 있게 변형된 팬츠나 재킷이 좋다. 상의는 스카프를 목 주위에 한다거나 전체적으로 액세서리를 많이 해 주면 시선이 분산되고 풍성해 보인다. 세로보다는 가로 무늬 디자인이 옆으로 퍼져 보이게 하므로 마른 체형의 빈약한 느낌을 보완할 수 있다.

용모·복장 체크리스트

(남성) 다음 항목에 대해 자신의 점수를 매긴 후 합계를 구해 보세요.

매우 그렇다 : 10점 / 보통이다 : 5점 / 그렇지 않다 : 0점

Total

머리, 얼굴	1	머리는 윤이 나고 단정한가?
	2	수염, 코털이 길지 않고 얼굴이 깔끔한가?
드레스셔츠	3	소매나 칼라 부분이 깨끗한가?
	4	색상, 무늬는 옷과 어울리는가?
넥타이	5	양복과 어울리는 색상과 무늬인가?
상의	6	떨어진 단추는 없으며 주머니는 깔끔한가?
손	7	손톱의 길이는 적당하며 깨끗한가?
복장	8	구겨지지 않고 다림질은 잘 되어 있는가?
양말	9	옷과 어울리는 양말을 착용하는가?
구두	10	굽이 닳지 않고 잘 닦여 있는가?

 (여성)다음 항목에 대해 자신의 점수를 매긴 후 합계를 구해 보세요.
매우 그렇다 : 10점 / 보통이다 : 5점 / 그렇지 않다 : 0점

Total

머리	1	청결하고 손질은 되어 있는가?
	2	머리가 얼굴을 가리지 않으며 일하기 쉬운 단정한 머리형인가?
화장	3	자연스럽고 밝은 느낌을 주고 있는가?
	4	피부 화장 및 부분 화장이 흐트러지지 않고 깨끗한가?
복장	5	다림질은 되어 있으며 깨끗한가?
	6	어깨 부분에 비듬이나 머리카락이 붙어 있지 않고 깔끔한가?
손	7	손은 깨끗하며 손톱의 길이는 적당한가?
액세서리	8	적당한 크기와 알맞은 느낌의 액세서리를 착용하고 있는가?
양말, 스타킹	9	올이 나간 부분은 없는지 늘 점검하며 적당한 색상을 착용하고 있는가?
구두	10	뒤축이 벗겨지거나 닳아 있지 않고 깨끗한가?

단정한 용모와 복장은 타인에게 신뢰감을 준다. 사람들로부터 신뢰감을 얻고 싶다면 반드시 장소와 상대방의 취향에 맞추어 용모와 복장을 단정히 갖추어야 한다. 개선 항목을 보완하여 단정한 이미지를 연출한다면 업무 처리에도 긍정적 영향을 끼칠 것이다.

100~90점 항상 청결하고 단정하며 품위 있는 용모와 복장을 유지한다

바쁜 일상 속에서도 늘 단정한 차림을 유지할 수 있다는 것은 부지런하지 않으면 불가능하다. 단정한 모습은 꾸준하게 자신을 관리하는 사람이라는 인상을 주기 때문에 성실하고 유능한 사람이라는 긍정적 평가를 받는 데 도움이 된다. 비즈니스 현장에서 만나는 짧은 순간에도 외적인 요소로 신뢰감을 줄 수 있어 좋은 대인 관계의 바탕이 되는 사람이다.

89~70점 전반적으로 무난한 편이나 작은 부분까지 좀 더 세심하게 신경 쓰라

예를 들어 남성의 경우에는 정장에 흰 양말 신기, 어울리지 않는 넥타이 매기, 얼룩진 옷이나 넥타이를 착용하거나, 여성의 경우 올 나간 스타킹 신기, 벗겨진 손톱 매니큐어, 눈에 띄는 액세서리 착용 등 아무거나 입고 편안하면 된다는 식의 사고방식보다는 옷차림도 자기 표현의 한 수단이라는 직업 의식을 갖고 작은 부분까지도 신경을 쓴다면 매력과 친근감을 높일 수 있을 것이다. 액세서리나 소품과 같은 소홀하기 쉬운 작은 부분까지 섬세한 주의를 기울인다면 신뢰감 가는 용모와 복장을 유지할 수 있음을 명심하자. 용모와 복장은 단순한 멋 내기 이상으로 업무 성과를 올려주는 신뢰감의 상징이다.

70점 미만 용모와 복장을 청결하고 아름답게 관리하여 스스로를 높이고 타인에게 호감을 줄 수 있도록 노력해야 한다

용모와 복장에 무신경한 타입으로 다소 지저분한 인상으로 불쾌감을 줄 수 있으니 주의해야 한다. 끊임없이 자신을 체크하여 자신에게 어울리는 용모와 복장을 찾아야 한다. 전신 거울을 보고 자신의 용모 복장이 전체적인 모습과 어울리는지 점검하기, 지나치게 눈에 띄는 색상은 피하기, 업무에 어울리는 헤어스타일 유지하기, 업무에 신뢰감을 줄 수 있도록 타인과도 무난하게 어울리는 차림새 유지하기, 전날 밤 미리 다음 날의 일정에 맞는 복장 준비하기가 필요하다. 용모와 복장은 치장이 아니라 자신을 진정으로 드러내는 인격임을 잊지 마라.

가는 말이 고와야
오는 말이 곱다

Communication

7

대화의 기술을 익혀라

　옛날 옛날 눈이 펑펑 내리는 어느 겨울날, 먹을 것을 하나도 준비하지 못한 까치와 비둘기, 꿩이 걱정을 하고 있었다.
"아이, 배고파."
"어휴, 나도 배고파."
"이러다 우리 모두 굶어 죽겠네. 무슨 좋은 방법이 없을까?"
이때 영리하고 꾀가 많은 꿩이 입을 열었다.
"쥐 서방은 언제나 먹을 것을 많이 모아놓으니까 쥐 서방을 찾아가자."
"그래, 참 좋은 생각이다!"
이렇게 해서, 꿩이 맨 먼저 쥐 서방의 집을 찾아가기로 했다.
"여봐라, 쥐 서방!"
마침 부엌 아궁이에 불을 지피고 있던 쥐 마누라가 물었다.
"누구시죠?"
"보면 몰라서 묻느냐?"
"아이고, 꿩 아저씨로군요? 그런데 무슨 일이신가요?"
꿩은 자기보다 나이가 어린 쥐 마누라를 깔보며 외쳤다.
"야, 먹을 것이 있으면 좀 주지?"

큰소리를 치는 꿩을 보자 쥐 마누라는 슬그머니 화가 나서 들고 있던 부지깽이로 꿩의 뺨을 후려쳤다.

"남의 집에 먹을 것을 얻으러 온 주제에 뭐 그리 뻔뻔스럽소? 우리 집에 아무리 음식이 많다고 해도 줄 수 없소!"

"아이고, 나 죽네!"

꿩은 벌겋게 부어 오른 뺨을 감싸 쥐고 달아났고, 꿩은 자신이 학대를 받았다고 비둘기와 까치에게 전했다.

그러자 이번에는 비둘기가 큰 소리를 치며 쥐 서방의 집으로 갔다.

"쥐 마누라!"

"누구세요?"

"나다, 비둘다."

"무슨 일이세요?"

"아까 꿩이 왔을 때 부지깽이로 뺨을 때렸지? 먹을 것을 주지 않으면 내가 가만히 있지 않겠다!"

"뭣이라고요?"

쥐 마누라는 이번에도 들고 있던 부지깽이로 비둘기의 머리 위를 내리쳤다.

이번에는 까치가 쥐 서방 집으로 향했다. 마침 쥐 서방은 마누라와 자식들과 오순도순 앉아서 음식을 맛있게 먹고 있었다.

"실례합니다, 쥐 영감님! 그 동안 별일 없으신지요? 올해는 유난히 눈이 많아서 고생들이 많으시죠?"

"그렇습니다."

"올해는 흉년이 든데다가 저희 같은 새들은 이렇게 추운 날에는 먹을 것을 구하지 못해 걱정입니다."

"그것 참 안됐군요. 우리 집에도 양식이 그리 넉넉하지는 않습니다만 좀 나누어 드리지요."

"아이고, 참 고맙습니다."

이렇게 해서 까치는 쥐 서방에게 양식을 얻을 수 있었다.

우화에서 보듯이, 말을 어떻게 하느냐에 따라 관계가 좋아질 수도 있고 나빠질 수도 있다. 먼저 거칠게 말을 했을 때 상대방에게 호의를 기대하기 어렵듯이 "가는 말이 고와야 오는 말이 곱다."라는 속담처럼 자신이 먼저 말을 곱게 사용해야 상대방 또한 고운 말로 되돌려준다. 상대방의 대화 태도를 지적하고 불평하기보다는 자기 자신의 대화 태도나 언어 습관에 문제가 없는지, 그로 인해 상대방의 기분을 상하게 만드는 것은 아닌지를 먼저 점검해야 원만한 대화가 가능하다는 것을 명심해야 한다.

동화에서 느낄 수 있듯이 같은 상황이지만 자신의 언어 습관, 다시 말하면 어떻게 말을 하느냐에 따라서 결과는 달라지므로 평상시 호감을 줄 수 있는 말하기 요령을 익혀야 한다.

목소리를 의식하라

미국의 작가이자 경영 상담가로 유명한 피터 드러커 Peter F. Druker 교수는 "인간의 가장 큰 능력은 자기 표현이며 현대의 경영이나 관리는 커뮤니케이션에 의해 좌우된다."라고 강조했다. 성공을 원하는 사람에게 있어서 커뮤니케이션은 필수 역량임을 의미하는 말이다.

물론 목소리가 좋지 않아도 자신이 생각하는 바를 전달할 수는 있지만 호감과 신뢰감을 주는 목소리는 말의 내용에 설득력을 더해 주기 때문에 제대로 전달하기 위해서는 목소리를 좋게 하는 훈련이 필요하다. 직접 녹음을 하여 자기 목소리를 들어보면 자신이 상상으로 생각하는 목소리와 상당히 다른 느낌이 들어 생소할 것이다. 타인에게 들리는 자신의 목소리에 관심을 가져야 한다. 태어날 때부터 좋은 목소리를 가지고 태어난 사람은 그리 많지 않다. 꾸준한 연습을 통해서 자신의 목소리를 녹음하여 들어보고 대화를 할 때는 타인에게 어떻게 들릴지 목소리를 의식해야 한다. 남의 목소리를 흉내 내기보다 자신만의 고유하고 개성 있는 목소리를 갖는 것이 중요하고, 이왕이면 자신의 의견을 전달할 때는 목소리에 생동감 있는 리듬과 정확한 발음을 덧칠해야 한다. 목소리 훈련은 마음만 먹으면 시간과 공간이 따로 필요하지 않고 언제나 연습할 수 있는 장점이 있다. 필자의 경우에도 강의를 하러 가는 차 안에서, 걸어 다니면서 시간이 날 때마다 소리를 내어 실제로 강의를 하는 것처럼 목소리를 의식하며 말하는 연습을 한다. 꾸준한 연습을 통해서 나에게 적합한 음성의 톤과 목소리를 가지게 되었다.

다음 방법으로 발성 훈련을 하는 것도 균일한 음색으로 안정감 있게 말할 수 있는 데 도움이 된다.

목소리도 훈련하면 좋아진다

자세를 바르게 하여 정면을 바라보고 크게 소리를 낸다.
- 아 : 가장 크게 입을 벌린다. 큰 소리로 짧게 '아' 하고 소리를 내며 5~10초간 유지한다.
- 에 : 입꼬리를 의식하고 힘을 넣어 위로 올린 상태에서 5~10초간 유지한다.
- 이 : 입꼬리를 옆으로 힘껏 당긴 상태에서 5~10초간 유지한다.
- 오 : 입술을 앞으로 쑥 내밀고 5~10초간 유지한다.
- 우 : 입술을 가볍게 앞으로 내밀면서 '우' 하고 소리를 내며 5~10초간 유지한다.

이어서 '아, 에, 이, 오, 우'를 큰 소리로 입 모양에 유의하면서 반복 연습한다. 입 모양을 바르게 해야 발음이 정확하다. 진지한 표정으로 말을 잘하는 사람이라고 할지라도 발음이 부정확하면 굉장히 어설프게 들린다. 연기를 할 때 바보 배역을 맡은 사람들은 하나같이 일부러 발음을 엉성하게 내는 것을 알 수 있다. 발음이 부정확한 사람은 상대방이 자신의 말을 어떻게 들을지, 비웃지는 않을까를 걱정하여 정작 말을 해야 하는 상황에서 입을 꾹 다물어 버리는 경우가 많다. 어차피 말을 해야 하는 상황이 되어 피할 수 없다면 천천히 호흡을 가다듬고 또박또박 한 마디 한 마디에 집중하면 정확한 발음을 낼 수 있다. 가급적 긴 문장보다는 짧은 문장으로 말하도록 한다. 말을 하는 도중에 어설픈 발음으로 말을 하게 되더라도 너무 긴장하지 않도록 자신감으로 재무장하는 마인드 컨트롤이 필요하다. 문장과 문장 사이, 단어와 단어 사이에 적당한 쉼(Pause)을 조절한다면 명료한 의사 전달이 가능해진다. 등을 곧게 펴고 배에 힘을 주고 소리 내어 책 읽기를 반복하면 발음을 개선하는 데 많은 도움이 된다.

목소리를 성형하라

여러분은 영화배우 '한석규' 하면 어떤 생각이 드는가? 많은 사람들은 그의 목소리가 상당히 매력적이고 감미로워서 믿음이 간다고 말한다. 그는 좋은 목소리로 인해 지적인 이미지를 구축하면서 많은 사람들의 사랑을 받게 되었다.

이처럼 목소리가 좋으면 자신에게 이득이 된다. 하지만 잦은 흡연과 목기침, 피로는 목소리를 갈라지게 만들기 때문에 대화 분위기를 어둡게 만들 수 있다. 대화 중에 자주 헛기침을 한다면 대화 분위기에 좋지 않은 영향을 끼칠 뿐 아니라 목에 무리가 갈 수 있다. 자주 물을 마셔 목을 촉촉하게 유지하고 보호하여 맑은 목소리가 나올 수 있도록 주의를 기울여야 한다.

언어에도 표정이 있다. 밝은 목소리는 밝은 표정에서 나올 수 있으며, 대화 분위기를 밝게 만들어 나가려면 밝은 목소리로 말해야 한다. 목소리도 밝은 모습으로 성형해야 한다.

혹시 자신의 음성이 너무 낮고 무뚝뚝하여 완고한 사람으로 인식되어 좋은 이미지를 줄 수 없다면 자신의 고유 목소리라서 어쩔 수 없다는 단념보다는 목소리 훈련으로 단점을 극복해야 한다. 그렇다고 자신의 음폭을 무시하고 너무 의식적으로 끌어올리거나 내려서 말을 하게 되면 자연스럽지 못하므로 자신의 목소리 톤과 맞는 높낮이와 리듬 등 자신만의 스타일을 찾는 것이 중요하다. 우리가 노래를 할 때 악보 높낮이에 따라 노래를 부르고 끊임없이 연습을 하면 노래 실력이 차츰 좋아지는 것처럼 대화 분위기에 맞춰 리듬과 억양을 넣어서 대화의 악보를 그리듯 생동감 있게 말을 해보라. 훨씬 대화하는 것이 즐겁고 대화 내용에 맞는 목소리를 가질 수 있을 것이다.

반대 의견을 제시하려면 일단 긍정하라

사람마다의 다양한 의견은 '자신의 사고방식에 따른 나와 다른 의견일 뿐'이다. 어떻게 내 의견에 반대를 할 수 있을까라고 불쾌하게 생각하기보다는 모든 사람이 나와 의견이 같으면 오히려 발전적이지 못하다는 생각을 해야 하며, 상대방의 다양한 의견을 긍정적으로 수용해야 한다. 만약 상대방의 의견이 나와 다르다고 해서 단호한 목소리와 경직된 표정으로 반대 의견을 직접적으로 표현한다면 말하는 사람도 마음이 불편하고 듣는 사람 입장에서도 의견이 묵살됐다고 생각해 서로 공격적인 자세를 취하게 된다. 이런 적대감이 생긴 상황에서 서로를 감정적으로 받아들여 대화를 하는 것은 좋은 결과를 기대하기 어렵다.

상대와 의견이 다를 때 상대 의견을 긍정하고 존중하며 말을 시작하자. 오히려 상대의 의견에도 호의적인 감정을 표현한다면 내 기분도 한층 더 편안해질 것이다. 열띤 토론을 벌이며 흥분하고 큰 소리가 오고 가는 이유는 상대방을 인격체로 존중하고 입장을 이해하는 마인드가 없기 때문이다. 상대방의 의견을 잘 들어주고 긍정적 태도를 취한다는 것은 서로의 공감 영역을 넓혀준다는 점에서도 아주 중요하다. 반대 의견일 경우 정면으로 무조건 반대를 하기보다 그들의 의견도 존중한다는 인상을 주고 수긍을 해준다면 상대방은 자신의 행동에 대해 반성을 하고 비방하는 말을 더 이상 하기 어렵게 될 것이다. 상대방과 대화를 하는 가운데 서로 의견이 다르다면 이런 경우에 유용하게 사용할 수 있는 대화법인 'YES-BUT' 혹은 'YES-IF'를 활용해 보자.

YES-BUT 화법
"네, 고객님 입장에서는 충분히 그렇게 생각하실 수 있습니다."
"그런데 고객님이 제시한 의견과 이 부분에서 제 생각은 이렇습니다."

YES-IF 화법
"네, 그럴 수도 있겠네요. 만약에 이런 경우라면 어떨까요?"

최선을 다하여 거절하라

누구나 거절을 당하는 입장이라면 상대방에 대해 섭섭한 감정이 생길 것이고 거절당했던 기억을 쉽사리 잊지 못할 것이다. 상대방이 불편하지 않도록 거절하는 능력을 함양하여 잘못된 거절로 인해 타인에게 상처를 주거나 신뢰감을 잃지 않도록 하자. 상대방을 불쾌하게 하지 않고 거절할 수 있는 화법을 익힌다면 거절 상황에서도 난감해하지 않고 자연스럽게 말할 수 있다.

1 | 거절하는 이유가 명확해야 한다
어렵게 부탁한 상대방에게 아무런 이유도 없이 안 되겠다고 단번에 거절하거나 '그냥 좀~'하고 애매하게 얼버무리는 식의 이유 없는 불분명한 거절은 불쾌감을 유발하고 신뢰감을 떨어뜨린다. 거절할 수밖에 없는 입장과 이유를 설명한다.

2 | 거절의 표현은 완곡하게, 태도는 공손하게 한다

완곡하게 자신의 입장을 밝힌다. 그렇다고 '절대 안 됩니다.'와 같은 강한 표현은 금물이다. 상대방에게 거절을 알리는 것 이상으로 중요한 것은 거절할 때일수록 더욱 예의를 갖추어 전달하는 정중한 태도이다. 상대방이 빠르고 정확한 판단을 할 수 있도록 안 되는 상황임을 분명하게 표현하되 거절의 말도 기분 나쁘지 않게 완곡한 표현으로 말할 수 있도록 훈련해야 한다.

3 | 거절에는 여운을 남기지 않는다

"이번에는 곤란하지만…" 하고 얼버무린다면 상대방은 "그럼 다음에는 된다는 건가요?"라고 반문할 수 있으며, 또 "입장은 이해하지만…" 하고 얼버무리면 상대방은 "이번만 잘 봐주시면 이 은혜는 잊지 않고 반드시 갚겠다."라고 하면서 다시 매달리게 된다. 이런 애매모호한 표현과 태도는 서로에게 도움이 되지 않는다. 여운을 남기는 것은 거절을 하고 있는 것인지 아닌지 혼동을 주기 때문이다.

말은 아차 하는 순간 실수를 하게 되므로 자신의 언어 습관 때문에 당초 의도와 달리 고객의 마음을 상하게 만들고 마음의 문을 닫게 만들 수 있다. 거절로 인해서 사람까지 거절한다는 인상을 주지 않도록 최선을 다한 모습으로 말하는 거절이 되어야 할 것이다.

대화 예절 체크리스트

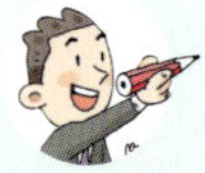

다음 항목에 대해 자신의 점수를 매긴 후 합계를 구해 보세요.
매우 그렇다 : 10점 / 보통이다 : 5점 / 그렇지 않다 : 0점

Total

		0점	5점	10점
1	부드러운 표정과 바른 자세로 말을 하고 있는가?			
2	"감사합니다", "수고하셨습니다", "죄송합니다"라고 감사와 위로의 말을 진심으로 아낌없이 하는가?			
3	상대방의 입장에서 이해하기 쉽도록 말을 하는가?			
4	거절할 경우 상대가 상처받지 않도록 말을 돌려서 하는가?			
5	주위 사람들의 장점을 발견하면 진심 어린 칭찬을 하는가?			
6	반대 의견을 말할 때 상대의 입장을 배려하면서 불쾌하지 않게 말하는가?			
7	거절을 할 때 쌀쌀맞지 않게 정중하고 예의 바른 태도로 말하는가?			
8	상대방이 대화를 할 만한 상황임을 배려하면서 말하는가?			
9	상냥한 목 소리와 정확한 발음으로 말하는가?			
10	명령형보다 권유형, 부정형보다 긍정형의 말을 자주 사용하는가?			

대화를 할 때는 단어를 그냥 늘어놓는 것이 아니라 상대방이 듣기 쉽도록 단어를 제대로 정리하고 진열하여 정성껏 그 의미를 전달해야 한다. 또한 의미를 전달할 때 단조로운 음성의 톤으로 말을 한다면 듣는 사람은 무척 지루해 할 것이다. 여러분의 평상시 말하기 습관에 대해 체크해 보고 자신의 강점과 약점을 알아내어 즐거운 대화가 가능할 것이다.

100~90점 편안하고 듣기 좋은 목소리로 말하는 당신의 모습은 지적이고 신뢰감을 주기에 충분하다

많은 사람들이 당신과 대화하는 것을 즐거워할 것이다. 자신의 의사를 정확하고 밝게 전달하는 것은 고객에게 신뢰감을 줄 수 있을 뿐 아니라 문제를 해결하기 위해서는 필수 역량이니만큼 지금의 모습을 꾸준하게 유지시켜 나가야 할 것이다.

89~70점 당신의 말하기 수준은 전반적으로 우수한 편이나 어떤 항목에서 부족한지 점검하여 그 부분을 보완하라

예를 들어 아무리 좋은 목소리로 말을 잘한다고 해도 고려되어야 하는 것은 듣는 상대방의 상황이다. 지금 내 얘기를 들을 만한 상황인지를 감안하는 것이다. 눈치 없이 자신만의 얘기를 늘어놓는다면 거만한 사람으로 인식되어 다시는 대화를 하고 싶어하지 않을 것이다. 그냥 말을 하는 것과 상대의 상황을 감안하여 신뢰감을 주면서 말을 하는 것은 매우 다르므로 명심하기 바란다.

70점 미만 평소 말하기에 관심을 가지고 말을 잘할 수 있도록 꾸준한 훈련이 필요하다

말을 많이 한다고 해서 잘하는 것도 아니고 입을 꾹 다물고 있다고 하여 진지하고 정중한 사람으로 비치는 것도 아니다. 자신의 말하기 능력을 꾸준하게 업그레이드시켜 나가기 위해서는 자신에게 어울리는 목소리 훈련하기, 상대방 수준에 맞춰 쉽게 말하기, 상냥하고 부드러운 어투로 말하기, 진심 어린 마음으로 말하기, 정확한 발음으로 소리 내기 등이 있다.

자신의 가치를 높이는 바른 자세

Attitude

8

바른 자세는 이미지를 돋보이게 만든다

근무를 할 때 업무 처리 능력 못지않게 중요한 것은 바른 자세이다. 자세가 나쁜 사람은 상대방에게 무성의하게 비쳐 좋은 인상을 줄 수 없으며, 그로 인해 원만한 관계가 성립될 수도 없으므로 업무 성과도 오르지 않는다. 반면 자세가 좋은 사람은 그것만으로도 타인에게 호감과 신뢰감을 준다.

영화 '보디가드'에서 남자 주인공 프랭크 역을 맡은 케빈 코스트너Kevin Costner가 상당히 멋있다고 많은 사람들이 느꼈을 것이다. 그가 가진 남성적인 매력도 한몫했겠지만 영화에서 보여준 보디가드로서의 바른 자세가 그의 이미지를 한껏 돋보이게 만들었다는 생각이다. 그만큼 바른 자세는 사람의 매력에 당당함을 더해 준다.

행동은 마음을 대변한다

미국의 심리학자 윌리엄 제임스William James 박사는 "인간의 행동은 마음을 대변한다."라고 했다. 이는 곧 자세는 나의 마음을 전달하는 또 하나의 언어라는 의미이다. 그만큼 자세는 그 사람의 인상을 결정짓는 단서로 작용된다. 외적 태도가 바른 사람은 자신의 건강하고 긍정적인 이미지와 밝은 인상을 주게 되어 그런 모습의 직원들이 함께 하는 회사는 고객들로부터 활

기찬 조직으로 비치고 사랑을 받는다. 이처럼 자세는 자신의 이미지를 결정 지을 뿐 아니라 회사의 인상을 결정짓는 데 큰 영향을 미친다.

한 예로, 식당에 들어갔을 때 보이는 직원들의 자세는 곧바로 식당의 이미지로 이어진다. 식당에 들어오는 고객의 모습을 보았다면 직원은 어떤 일을 하다가도 재빨리 대기 자세로 고객을 맞이하고 환영할 준비를 해야 한다. 직원들끼리 모여서 잡담을 하거나, 고객과 반대로 등지고 서 있다거나, 심지어 멍한 표정이나 하품을 하는 모습, 카운터에서 앉아서 텔레비전을 보며 고객을 맞이하는 행동, 웃으면서 떠들고 있는 자세, 고객이 들어오거나 말거나 신경 쓰지 않고 개인적인 전화를 하는 모습 등은 식당의 품위까지도 떨어뜨린다. 고객은 들어오는 순간 '아차, 내가 잘못 찾아 들어왔구나!'라고 느끼고 식당을 바로 나가버릴 것이다. 고객과 말 한 마디 못해 보고 자신의 불량한 자세로 인해 고객을 내쫓고 있는 셈이다.

고객이 들어오면 바로 일어나지 않고 고객을 세워놓은 채 자신은 앉아서 빤히 고객의 얼굴을 쳐다보며 얘기하는 직원의 모습은 실망감을 준다. 고객을 맞이하는 기본자세는 일어서서 응대하는 것이다. 일어서서 고객을 응대하는 동작은 고객에게 한 발 다가가는 준비 자세이며 고객에게 한층 더 사랑받을 수 있는 동작이다. 집에 손님이 찾아와도 버선발로 반갑게 맞이하는데 하물며 직원이 고객을 응대하는 상황에서의 동작은 훨씬 더 적극적이고 바른 태도여야 하지 않을까?

필자는 직업적 특성상 강의 요청을 받고 기업체를 방문하는 일이 많다. 보통 회의실이나 교육장에 모인 많은 교육생들 앞에서 강의를 하게 되는데,

이때 교육생들의 앉아 있는 모습에서 그 회사의 이미지를 느낄 수 있다.

어떤 회사는 직원들이 부드러운 표정과 바른 태도로 앉아서 차분하게 강의를 기다리는 있는가 하면, 어떤 회사의 직원들은 강의를 시작하지도 않았는데 벌써 옆 사람과 잡담을 하기도 하고, 세상만사 귀찮다는 표정으로 팔짱을 낀 상태에서 눈을 감고 있기도 하고, 머리를 뒤로 젖히고 턱을 치켜든 채 천장만 바라보고 있는 경우도 있다.

듣는 자세가 좋지 않은 사람 앞에서 자신의 의견을 흥분하지 않고 논리적이고 이성적으로 전달하기란 그리 쉽지 않으며 인내심이 필요하다. 겉으로는 아무렇지도 않은 듯이 웃음을 지으며 말하지만 마음속으로는 상대방의 듣는 태도에서 자신을 무시하는 느낌이 들어 불쾌한 감정이 형성된다.

자신도 모르게 굳어져버린 습관적인 태도로 인해 상대방에게 오해를 살 수 있다. 바르지 못한 자세를 취하면 거만한 인상을 주게 되어 고객과의 대인 관계와 회사 이미지 구축에 있어서도 부정적 영향을 끼칠 수밖에 없다.

혹시 자신의 잘못된 습관적 자세로 회사에 부정적 영향을 끼치는 것은 아닌가? 누군가 자신을 지켜보고 있다고 생각하고 처음에는 의식적으로 신경을 쓰고 바른 태도로 고쳐 나가야 할 것이다. "일만 잘 하면 되지 자세까지 트집을 잡느냐?"라고 불쾌하게 생각하는 사람들도 있을 것이다. 그러나 작은 관심과 성의만 있다면 바른 자세는 저절로 실천되며 자신의 태도와 이미지를 업그레이드할 수 있고 대인 관계에 긍정적 영향을 미칠 수 있다.

아무리 실력이 뛰어나고 멋진 외모와 아름다운 몸매를 가졌다고 해도 자세가 엉망이면 아무 소용없다. 바른 자세만으로도 매력적인 사람이 될 수 있으며 사람들을 매료시킬 수 있다.

걸음걸이는 품격이다

절세미인이라고 할지라도 팔자 걸음을 걷는다면 그 아름다움이 반감될 것이다. 바른 걸음걸이를 훈련하지 않으면 자신의 장점이 돋보일 수는 없다. 걸음걸이 훈련으로는 머리에 책을 얹은 채 걷는 방법과 양손을 허리에 얹고 걷는 두 가지 방법이 있다. 머리에 책을 얹고 걸을 때 상반신을 흔든다거나 어깨 한쪽이 내려가 있거나 고개를 숙이고 걷는다면 바로 책은 머리에서 떨어질 것이다. 머리에 책을 얹고 걷는 걸음 연습은 균형을 잡기 위한 훈련으로 균형 감각을 키우는 데 제격이다.

또 다른 방법으로 양손을 허리 위에 얹고 고정시킨 채 상체를 바르게 펴고 걷는 것도 좋다. 그럼 세부적으로 걷는 자세에 대해서 알아보고 품위 있는 걸음걸이를 익혀보자.

1 | 다리

다리만 움직이는 것이 아니라 허리 아래가 전체적으로 움직임이 느껴지게 시원스럽게 걷는다. 다리 전체를 펴서 내딛는 모양으로 쭉쭉 펴고 걷되 무릎이 스칠 정도로 11자 형태로 곧게 뻗으면서 걷는다. 쭉쭉 펴고 걷되 구부릴 때는 확실히 구부리는 것이 좋다. 걸을 때 엉덩이는 안쪽으로 당겨서 긴장감을 주고 허벅지도 서로 스치도록 한다.

2 | 팔

팔은 양손 끝이 바지의 재봉선에 스치도록 자연스럽게 걷는다. 팔은 앞뒤로 자유롭게 움직여야 하며 팔꿈치 아래로만 흔들지 않도록 주의한다. 어깨에 힘을 빼고 팔을 편안하게 늘어뜨린 상태에서 앞뒤로 약 15도 정도로 어깨에 추가 매달린 듯이 흔들면 된다. 손은 달걀을 하나 쥔 것처럼 살짝 오므린다.

3 | 시선

고개를 한쪽 옆으로 비스듬히 기울이면 너무 긴장감이 없어 보이고 축 늘어진 인상이 되어 무관심한 눈빛이 된다. 고개를 숙이고 바닥을 보면서 걸으면 우울하고 소극적인 인상이 된다. 턱을 너무 치켜세우고 걸으면 시선이 날카롭고 거만한 인상을 준다. 시선은 나아갈 방향을 온유하고 부드러운 시선으로 바라보며 걷는 것이 좋다.

바르게 선 자세는 모든 동작의 기본이다

곧고 바르게 서야 키가 더 커 보이며 당당해 보인다. 선 자세가 엉성하면 다른 자세도 바르게 연결될 수 없다. 자신이 바로 서 있는 자세인지 아닌지를 점검하기 위해서는 벽에 뒷몸을 붙이고 자세를 교정한다. 우선 몸을 쭉 펴고 양쪽 다리에 균등하게 체중을 실어 몸의 무게가 어느 한쪽으로 실리는 일이 없도록 하여 뒷몸을 벽에 붙여본다.

1 | 머리와 얼굴

뒷머리는 벽에 붙인 상태에서 약간 앞으로 턱을 잡아당기는 듯 앞으로 내밀고 시선은 정면을 바라본다.

2 | 어깨와 가슴

가슴과 어깨를 활짝 펴서 양 어깨 끝이 벽에 닿도록 하는 것이 바른 자세이다.

3 | 배와 엉덩이

배는 힘을 주어 안으로 당기고 가장 튀어나온 엉덩이 부분을 벽에 붙이고 힘주어 위로 당기면 탄력 있게 보인다.

4 | 팔과 다리

팔은 바르게 펴고 차려 자세를 한다. 다리는 몸의 중심을 잘 잡고 발의 뒤꿈치를 붙이고 두 다리를 붙여 선다. 무릎에 힘을 주어 붙인다.

5 | 발

남자는 45도, 여자는 30도 정도로 뒤꿈치를 붙여 발 모양이 V자가 되도록 하여 선다. 서 있는 자세는 전체적으로 위에서 끌어당기는 느낌이 든다면 OK!

대기 자세는 준비 자세이다

대기는 고객이 오는 것을 기다리는 것이고, 또 고객에게 최대한의 서비스를 제공하기 위한 준비 자세이다. 바로 선 자세를 하되 남성의 경우 어깨 너비만큼 다리를 11자로 벌리고 서야 하며 왼손을 오른손 위로 공수(拱手 : 두 손을 마주 잡아 공경의 뜻을 나타냄)한다. 여성의 경우 한쪽 발의 뒤꿈치가 다른 발의 중앙 지점에 닿도록 하고 손은 오른손을 위로 가게 공수한다.

앉은 자세도 정돈된 인상을 줄 수 있다

의자에 앉는 바른 자세는 엉덩이는 깊숙이 하여 앉도록 하고 등받이와 등 사이는 주먹 한 개가 들어갈 정도의 간격을 유지한다. 이때 등을 바르게 펴야 하고 등받이에 기대어 앉지 않는다.

1 | 남성

- 어깨를 구부정하게 굽히지 않고 상체는 바르게 편다.
- 양손은 가볍게 주먹 쥐고 손등이 보이도록 허벅지 위에 놓는다.
- 양발은 허리 너비 정도로 자연스럽게 벌린다.
- 턱은 너무 내리거나 올리지 않고 안쪽으로 살짝 당겨 긴장시키고 시선은 정면을 향한다.
- 앉았다가 일어설 때는 양쪽 발에 힘을 주며 무

릎의 힘을 이용하여 한 번에 일어서야 하며, 손은 바지 옆 재봉선에 갖다 대며 바른 자세를 한다.

2 | 여성

- 한 손으로 치마를 누르고 나머지 한 손으로 뒤쪽 치마를 정리하여 앉고 두 손을 포개어 가볍게 무릎 위에 놓는다. 치마가 짧을 때는 스커트 끝을 살짝 눌러준다.
- 무릎과 다리는 모아서 옆으로 비스듬히 뻗는다. 이때 한쪽 발을 나머지 한 발보다 약간 앞으로 더 뻗으면 다리가 더 길어 보인다. 반면 다리를 의자 밑으로 집어넣으면 훨씬 굵어 보인다. 발끝은 가지런히 모아 정돈된 인상을 주도록 노력한다.
- 앉았다가 일어설 때는 다시 양발을 모은 상태에서 한쪽 발을 뒤로 하여 무릎의 힘을 이용하여 한 번에 일어선다.

발표 자세에도 주의를 기울여라

 발표를 하는 사람이나 듣는 사람이 주의해야 하는 자세가 있다. 자신이 발표를 할 때에도 익혀야 하는 바른 자세가 있으며, 상대방의 의견을 들을 때에도 '귀로만 듣겠다'는 방만한 자세가 아니라 호의적인 마음을 갖추어 온몸으로 듣는 자세가 절대적으로 필요하다. 평상시 반듯한 자세를 익혀야만 여러 사람이 모인 장소에서도 여러분의 자세가 빛이 나면서 상대방에게 신뢰감을 줄 수 있는 것이다.
 모 기업의 대표는 임직원들 앞에서 서서 연설하는 자리가 부담스러울 때가 있다고 했다. 손을 주머니에 넣은 채 말을 하는 것이 습관이 되어 말을 하는 중간중간 손을 의식하고 있지 않으면 어느새 주머니에 손을 들어가 있어 난감하다는 것이다. 그런 자세는 직원들로 하여금 '관리자라서 저렇게 거만한가?'라는 잘못된 고정관념을 줄 수 있어서 설득력을 떨어뜨리기 십상이다. 사람마다 모두 그런 것은 아니지만 자신도 모르는 사이에 굳어진 잘못된 자세가 있다. 어떤 연습이나 훈련이 그렇듯이 잘못된 자세를 고치려면 처음에는 다소 불편하고 힘이 들겠지만 개선하겠다는 의지가 필요하며, 꾸준한 노력의 결과로 어느새 저절로 바른 자세가 편안해지고 습관화된다.

시선을 집중시키는 발표 자세

남들 앞에서 발표를 해본 경험이 많지 않은 사람들은 발표를 앞두면 초조하고 안절부절못하기 마련이다. 발표를 하기 전에 긴장된다면 심호흡을 하면서 마음을 진정시키고 '잘할 수 있다. 별거 아니다. 누구나 떨리는 것은 당연하다.'라는 긍정적인 마음과 자신감으로 스스로를 위안해야 한다. 마음을 가다듬고 심호흡을 하게 되면 부교감 신경의 작용으로 말단 부분의 혈관이 열리고 혈액 순환이 좋아져서 머리 쪽에도 피를 원활하게 공급해 주며 심장의 부담도 덜어준다.

발표 내용이 아무리 좋더라도 경직된 표정과 뻣뻣한 자세로 말한다면 신뢰감을 얻기 어렵다. 발표를 할 때는 등을 곧게 펴고 양쪽 다리에 똑같이 힘을 주어 균형 있는 자세를 취하고 바르게 선다. 어깨 너비보다 넓게 다리를 벌리지 않아야 하며 몸의 중심이 한쪽으로 실리지 않도록 한다. 짝 다리로 삐딱하게 서서 진행한다거나 손을 주머니에 넣고 말을 하는 것, 연설대에 기대는 행동 등은 당돌하고 무성의한 느낌을 준다.

또한 자신이 특히 강조하고 싶은 내용이 있다면 발표 중간중간에 손동작을 곁들이면 시선을 집중시키는 데 효과적이다. 손동작을 사용할 경우 손을 허리 아래로 내린 채 움직이면 사람이 작아 보이고 소극적인 인상을 준다. 반대로 어깨 선 위까지 손을 올려서 제스처를 한다면 경망스럽게 느껴진다. 손동작의 범위는 허리 위와 어깨 아래 사이에서 필요한 시점에 동작을 하면 안정적이고 여유로워 보인다. 단, 체격이 크거나 무뚝뚝한 인상이라면 제스처를 할 때 부드럽고 작아야 보기 좋다. 동작까지 크게 한다면 너무 강한 이미지로 거부감을 줄 수 있기 때문이다. 반면에 체격이 작거나 조급한 성격의 소유자는 손만 움직이기보다는 팔을 뻗어서 팔 전체를 움직이면서 천천히 동작을 크게 하면 보기 좋다. 훨씬 여유 있는 인상을 줄 수 있다. 제스처는 단순한 몸짓이 아니라 자신을 전달하는 강력한 메시지 수단이다. 단, 너무 빈번하게, 너무 과하게 하지 않도록 주의해야 한다. 오히려 정확한 의사전달에 장애가 될 수 있기 때문이다.

발표를 하는 사람이 너무 잦은 이동을 하면서 여기저기 왔다 갔다 하면 전체적으로 산만해 보인다. 그렇다고 움직임 없이 한곳에 서서 발표를 하는 자세도 듣는 사람의 시선을 한곳에만 고정시키므로 지루한 느낌이 들게 한다. 자연스럽게 전후좌우로 적당하게 이동하면서 발표를 하는 자세가 좋다.

자신의 가치를 높여주는 듣는 자세

한번은 필자가 어느 대학교에서 학생들을 대상으로 교육을 하게 되었는데, 강의를 하기도 전에 왠지 마음이 불편하고 산만하게 느껴졌다. 왜 그런가 살펴보니 몇몇 학생들이 볼펜을 계속 돌리고 있었고 몇몇 학생들은 볼펜으로 똑딱똑딱 소리까지 내고 있었다. 이처럼 생각 없이 굳어진 습관적 행동들은 말하는 사람에게 불편함을 준다. 상대방의 말을 바른 자세로 듣는 태도는 발표자에 대한 존경심과 주의 집중이라는 면에서 절대적으로 중요하다. 듣는 태도 중에서는 팔짱을 끼고 듣는 사람이 가장 많은데 이는 방어적인 인상을 심어준다. 그 외에도 발표자의 말에 반응이 없거나 요리저리 시선을 산만하게 굴리는 행동을 보이는 것, 빤히 상대방의 얼굴을 쳐다보는 행동 등은 발표하는 사람에게 불안감을 조성한다.

발표자가 편안하게 발표할 수 있도록 자신의 표정과 듣는 자세를 점검해야 한다. 발표자가 준비한 말을 다 할 수 있도록 대화 중간마다 반응을 보여주고 중요한 사항은 메모를 하는 동작은 상대방에게 주목하는 태도이며 성의 있는 사람으로 비칠 수 있는 좋은 방법 중 하나이다. 고객을 만나 업무 처리 시 문제가 발생했을 때 격렬히 항의하던 고객도 진심 어린 표정과 바른 자세로 집중하여 들어주면 언제 그랬냐는 식으로 혼자 마음을 진정하기도 하고, 게다가 너무 화를 많이 내서 미안하다며 직원에게 직접 사과를 하는 고객도 생겨난다. 이처럼 듣는 자세는 상대방을 편안하게 만들어주고 격앙된 감정을 추스르게 하는 특효약이 되기도 한다.

바른 자세로 듣는 당신은 이미 상대방에게는 매력적인 사람이다. 자신이 갖고 있는 매력에 당당함을 더해 줄 수 있는 '자신의 가치를 높여주는 듣는 자세'에 신경을 써야 한다.

바른 자세 체크리스트

다음 항목에 대해 자신의 점수를 매긴 후 합계를 구해 보세요.
매우 그렇다 : 10점 / 보통이다 : 5점 / 그렇지 않다 : 0점

		Total		
		0점	5점	10점
1	바른 자세를 취함으로써 타인에게 호감과 신뢰감을 주고 있는가?			
2	서 있을 때 상체가 구부정하지 않고 바른 자세인가?			
3	발표할 때 내용에 맞게 적절한 시점에 제스처를 하는가?			
4	발표할 때 한곳에 가만히 서 있지 않고 자연스럽게 이동하며 말하는가?			
5	걸을 때 고개를 숙이거나 치켜세우지 않고 시선을 정면으로 하여 바르게 걷는가?			
6	바른 자세로 앉아서 고객을 응대하며 업무 처리를 하는가?			
7	고객이 들어오면 바로 대기 자세를 취하고 환영하는가?			
8	걸어갈 때 팔은 양손 끝이 바지 옆 재봉선에 닿도록 살짝 스치듯이 걷고 있는가?			
9	상대방이 편안하게 발표할 수 있도록 바른 자세로 들어주는가?			
10	바른 자세가 미용과 건강에도 효과적이라고 생각하는가?			

바른 자세는 건강에 도움을 줄 뿐만 아니라 미용상으로도 매력적으로 보이게 하는 데 매우 효과적이다. 반면 나쁜 자세는 건강을 해칠 뿐만 아니라 구부정한 모습이 되어 미용상으로도 좋은 인상을 주지 못한다. 따라서 사람을 대할 때 어떤 자세를 하고 있느냐는 상대방에게 비치는 자신의 인상을 결정하는 데 직접적인 요소로 작용한다고 할 수 있다. 언제 어느 때나 바른 자세를 취해 자신의 품격을 높이고 신뢰감을 주도록 노력해야 한다.

100~90점 당신의 한결같이 곧고 바른 자세는 늘 정돈된 인상을 심어준다

평상시에도 기본 자세뿐만 아니라 어떤 자세를 취하든 바르기 때문에 보기에도 좋으며 자신감이 느껴지기도 한다. 지금의 자세 그대로 항상 반듯하고 바른 태도를 유지한다면 당신의 업그레이드된 이미지를 만들어주고 사회생활에 많은 도움을 줄 것이다. 바른 자세는 상대방에 대한 존경의 표현이다.

89~70점 전반적으로 공손하고 바른 자세이나 항상 바른 태도를 유지할 수 있도록 조금 더 신경을 써야 한다

자세는 보는 순간 한눈에 다 들어오기 때문에 어느 순간 방심하여 자칫 자세가 흐트러진다면 상대방은 실망하게 되고 쌓였던 신뢰감이 무너진다. 의식하지 않아도 바른 자세를 취할 수 있고 이 자세가 자연스럽고 편안하게 느껴질 때까지 자신이 사소하게 행동했던 부분에도 좀 더 신경 써 항상 바른 자세를 유지하라.

70점 미만 당신의 자세로 인해 상대방은 불쾌감을 느낄 수도 있고 오해를 받을 수도 있다

바르지 못한 자세는 자신의 인격을 낮추는 결과가 되기도 한다. 나중에 신경 써야지라는 생각으로 무심하게 행동하기보다는 즉시 자세 교정에 들어가라. 업무 지식과 달리 자세를 교정하는 훈련은 따로 시간을 내지 않고 생활 속에서 간단하게 실행할 수 있으므로 지금 당장 시작하라. 구부정한 모습이라면 신뢰감을 줄 수 없고 힘이 없어 보이므로 상체를 바르게 똑바로 펴고 행동하기, 바른 태도를 유지하고 상대방을 보면서 대화하기, 적절한 제스처를 하면서 생동감 있게 말하기 등을 실천한다면 훨씬 신뢰감을 줄 수 있다.

성공하려면
경청하라

Listening

9

대화의 시작은 듣기이다

말을 하기 위해서는 듣는 사람이 있어야 하며 듣기 위해서는 말하는 사람이 필요하다. 즉, 대화는 말하는 사람과 듣는 사람이 서로 동시에 있어야 가능하며 상호 조화가 중요하다.

대부분의 사람들은 자신의 얘기를 하고 싶어하지 상대방의 말에 귀를 기울이고 싶어하지 않는다. 그러나 대화를 할 때 신뢰감을 주는 사람들은 자신의 말을 늘어놓기보다는 상대방의 입장을 배려하면서 잘 들어주는 성향의 소유자들이다.

미국 CNN 방송의 토크 쇼 사회자 중 가장 인기를 누리고 있는 사람인 래리 킹Larry King(본명 Lawrence Harvey Zeiger)에게 대화를 잘 할 수 있는 비결을 물었다. 과연 그가 대화를 잘 하는 비법은 무엇일까? 많은 사람들은 거창한 답변을 기대했지만 그의 대답은 다소 실망스럽게도 간단하고 명료했다.

래리 킹이 말하는 대화를 잘 할 수 있는 최상의 비결은 다름 아닌 상대의 말을 '잘 들어주는 것'이다. 그는 상대의 얘기를 잘 들음으로써 상대가 무엇을 말하려고 하는지 알 수 있고 상대 입장에서 말을 할 수 있기 때문에 편안한 마음으로 대화가 가능하다고 전한다.

상대의 말을 집중해 잘 들으면 전체의 말 속에서 전달하려는 핵심적인 의미를 알게 되고 잘 듣지 못하면 무엇을 전달하려고 하는지 전체적인 의미를 놓쳐 대화의 중심을 잃게 된다.

우리 주변을 둘러보더라도 고객은 가만히 듣고 있고 직원만 열을 내면서 떠들고 있는 경우가 많다. 고객은 그런 상황에 더욱 화가 날 것이다. 고객은 말을 잘하는 직원을 좋아하는 것이 아니라 자신의 말에 귀를 기울여주는 직원을 좋아한다. 따라서 고객의 말을 들으면서 제때에 장단을 넣어주면 고객은 신명나 술술 말을 할 것이며 이로써 고객과 원만하고 유연한 관계를 유지할 수 있을 것이다.

경청하는 자세는 사람을 이해하고, 설득하고, 궁극적으로 성공할 수 있는 역량이 된다.

전 세계적으로 가장 영향력 있는 여성 방송인이며 대화의 달인으로 통하는 오프라 윈프리Oprah Winfrey가 진행하는 '윈프리 쇼'는 '라포 토크'라고도 알려져 있다. 여기서 라포rapport는 상대방에 대해 느끼는 신뢰감과 친밀감을 의미한다. 매일 1400만 명의 미국인들을 불러 모을 수 있는 그녀의 인기 비법은 바로 상대방 입장에서 대화하는 '공감 경청'이다. 그녀의 공감하는 경청 태도는 상대방의 입장을 이해하고 동질감을 느끼게 만들어 심리적으로 편안한 대화로 이어지게 한다.

말하기보다 듣기를 우선하라

그렇다고 상대방의 말을 그저 듣고만 있으라는 것은 아니다. 말을 해야 하는데 입을 다물고 꾹 참고 있는 것이 아니라 상대방의 말을 듣는 과정에서 상대방의 성향을 이해하고 상대가 원하는 내용은 무엇인지 파악해야 한다.

이로써 내 입장이 아닌 상대방의 입장에서 대화가 가능해지므로 그런 태도를 갖고 있는 직원에게는 무척 신뢰감이 느껴진다.

따라서 직원은 대화 초반에는 말하기보다 듣는 입장에 서야 하며 대화의 초점도 고객이 더 많은 말을 할 수 있는 분위기가 형성되어야만 성공적인 대화가 가능해진다.

세계적인 경영 컨설턴트인 톰 피터스Tom Peters는 "혁신을 이루기 위한 첫 단계는 적극적인 청취 습관을 기르는 것이다."라고 강조한다. 그냥 귀가 있으니 들린다는 식이 아니라 적극적으로 정성을 다해 잘 듣는 것이 무엇보다 중요하다. 그냥 듣는 것은 아무 소용없다. 상대가 무엇을 원하는지 귀 담아 잘 들어야 하며 그러다 보면 상대방이 말하지 못하는 마음까지도 들을 수 있다. 따라서 듣는 것과 잘 듣는 것은 결과에 있어서는 현저하게 큰 차이를 보인다. 잘 듣는다는 것은 개인에게도 매우 중요한 태도이자 기업에 있어서도 생존을 위협할 만큼 절대절명의 태도이다.

오늘날 일본을 대표하는 글로벌 기업인 도요타는 고객, 직원, 주주로부터 현장의 소리를 듣고자 귀를 기울였고 그런 노력의 결과 뛰어난 성능을 가진 저렴한 제품을 만들 수 있는 방법을 알게 되었다. 경영진이 현장의 소리를 겸허하게 경청하려고 했고 고객과 직원을 존중했기 때문에 그들은 자발적으로 자신들이 경험하거나 알게 된 고객과의 문제와 현장의 소리를 알려주었다. 회사는 현장 직원들로부터 스스로 생산 라인의 문제점이나 고객과 있었던 생생한 현장의 소리를 듣게 됨으로써 문제점을 발견하고 개선할 수 있는 기회가 되었고 경쟁력 있는 자동차를 생산할 수 있는 밑거름이 되었다. 다른 경쟁사보다 직원들에게 돈을 많이 지급할 수는 없었지만 최고의 차를 만들어내기까지는 도요타가 사람들을 존중하고 듣는 태도가 있었기 때문에 가능했다는 것은 많은 사람들이 공감하고 있는 점이다.

상대의 입을 열려면 나의 표정부터 열어라

상대방이 편안한 마음으로 말할 수 있도록 배려하는 좋은 표정과 바른 자세를 유지하는 것은 매우 중요한 사항이다. 좋은 표정으로 듣기 위해서는 '체스CHES 법칙'을 체득하여 훈련해 보자.

1 | C(Chin)

턱을 치켜들고 대화하면 고압적인 인상이 되어서 상대방에게 위협적인 느낌을 들게 하며, 반대로 턱을 아래로 내리고 있으면 눈을 치켜뜨게 되므로 이마에 주름이 가는 인상으로 바뀌므로 좋은 인상으로 전달될 리 없다. 턱은 바닥선과 수평이 되도록 하며 상대방과 대화를 할 때 대화의 속도와 내용상 적절한 리듬을 타면서 "아, 네~" 하면서 고개를 끄덕여준다.

2 | H(Head)

머리는 뒤로 젖히거나 옆으로 기울이지 말고 늘 바르게 한다. 〈소학〉을 보면 아홉 가지 몸가짐을 일컫는 '구용九容' 중에 머리는 늘 바르게 가져야 한다는 '두용직頭容直'이란 내용이 있는데, 머리는 늘 바르게 유지하며 시선을 상대방에게 집중하여 상대 얘기를 들어야 한다.

3 | E(Eye contact)

대화를 할 경우 자신의 몸은 상대방 쪽을 향해야 하며 상대방의 눈과 표정을 살펴보면서 자연스럽게 대화를 이끌어 나간다면 여러분은 한층 더 신뢰할 만한 사람으로 보일 것이다. 대화를 하면서 상대방을 쳐다보지 않거나 흘깃흘깃 쳐다본다면 무성의한 태도로 좋은 이미지를 줄 수 없다. 대화를 하면서 상대를 바라본다는 것은 상대방을 위해서만 집중하고 관심 있게 듣겠다는 정성과 호의를 나타내는 좋은 태도이다. 눈빛을 따뜻하게 하고 상대방의 의견에 집중해야 한다.

4 | S(Smile)

경직되고 차가운 표정은 쌀쌀맞게 보이고 거리감이 느껴지지만 따뜻하고 부드러운 미소는 호감과 신뢰감으로 이어져 원만한 관계 형성에 많은 도움이 된다. 어색한 공간에서 따뜻한 미소는 친근한 느낌마저 들게 만든다. 상대방이 편안하게 말을 할 수 있도록 표정을 만들 수 있어야 한다. 미소만큼 좋은 대화는 없다.

우리는 대화를 하면서 얼굴 표정에서 그 사람의 현재 상태를 다 읽을 수 있다고 생각한다. 상대방의 얘기를 귀로 듣고 있다고 생각하지만 실제로 나의 표정은 바로 상대방에게 노출되므로 말하는 상대방은 나의 표정이 부드러운지 아니면 차가운지의 표정 변화에 따라 말을 편안하게 할 수도 있고 불편해질 수도 있다. 상대의 입을 열기 위해서는 나의 표정을 먼저 열고 들어야 한다.

호의적인 태도로 들어라

여러분은 일상생활에서 얼마나 상대방의 말에 귀를 잘 기울이고 있는가? 상대방에게 신뢰감을 줄 수 있는 경청 방법인 'FAMILY 기법'을 소개하겠다.

1 | F(Friendly) : 우호적으로 듣기

호의적인 마음으로 상대방이 말하고자 하는 의도와 내용을 충분히 공감하며 들어주는 것을 의미한다. 고정관념과 선입견을 가지고 상대를 바라본다면 그런 부정적인 마음이 표정에 역력하게 드러나 대화에 전혀 도움이 되지 않는다. 상대방에 대한 감정이 좋지 못하다면 듣는 태도와 표정이 좋을 리 없으며 그런 태도로 인해 상대방은 대화에 불편함을 느끼고 마음의 문을 닫아버릴 것이다. 호의적인 감정을 느낄 때 바른 태도와 부드러운 표정을 가질 수 있다. 내가 상대방의 말을 호의적으로 잘 들어줌으로써 상대가 나를 신뢰할 수 있는 단초가 제공되는 것이다. 대화 시에는 얼굴에 드러나는 미세한 표정과 동작 하나가 말하는 사람에게 직접적인 영향을 끼치게 된다. 모든 사람에게 호의적인 감정을 갖기는 어렵겠지만 상대방의 마음을 끌어내려면 우호적 감정으로 들어야 한다.

2 | A(Attention) : 상대방을 주목하기

자신의 말을 듣는 사람들이 옆 사람과 소근거리거나 팔짱을 끼고 지그시 눈을 감고 있다거나, 상대에게 집중하지 않는다면 어떤 느낌이 들까? 아마 애써 웃는 표정으로 발표는 하겠지만 마음속으로는 그런 태도로 듣는 사람에 대한 감정이 좋을 리 없다.

"주목하지 않는 것 같아 보여도 귀로는 다 듣고 있다. 뭐가 그렇게 까다로운가?"라고 반문을 할 수도 있지만 보통은 상대에게 주목하지 않는 모습은 무시당한다는 느낌을 줄 수 있으니 대화 중간에 메모를 하면 좋다. 특히 회의나 세미나라면 전체적인 내용을 기억하기 어려우므로 중요한 내용을 메모하는 것이 좋다. 하지만 그 많은 내용을 전부 기록하는 것은 사실상 어렵다. 그보다 상대방이 전달하는 핵심 단어를 중심으로 정리하여 기록해둔다면 체계적으로 이해하는 데 많은 도움이 될 것이다.

3 | M(Me, too) : 반응하기

반응이 없고 무덤덤한 남성과 데이트를 하는 여성은 애인이 과연 자신을 얼마나 사랑하는지 알고 싶을 것이다. 용기를 내어 사랑하는 사람에게 "자기, 나 사랑해?"라는 질문을 해보면 알 수도 있겠지만, 사실 물어봐서 확인하는 것이 유쾌한 일은 분명 아니다. 대화도 마찬가지이다. 자신의 말에 별 반응이 없는 사람과 대화를 한다면 상대가 내 말을 이해하지 못한다고 느껴져 했던 말을 자주 반복하게 되고 같은 내용을 여러 번 주지시키려고 노력할 것이다. 필자 역시 아무 반응 없이 조용히 강의를 듣는 교육생들을 만나면 "이해하시겠습니까?", "아시겠죠?" 이런 식의 확인 질문을 수시로 하게 된다. 자주 물어보고 대답을 요구하는 것도 서로 피곤한 일이다. 그렇다고 고개를 반복적으로 수시로 흔들면서 반응을 보내라는 뜻은 아니다. 오히려 기계적인 느낌을 줄 수 있으므로 때로는 표정으로, 때로는 고개를 끄덕거림으로, 때로는 눈빛으로 적절한 타이밍에 맞추어 다양하고 자연스러운 반응을 보내면 상대방은 자신의 얘기에 더욱 신이 나서 대화에 열중할 것이다.

4 | I(Interest) : 흥미 있게 듣기

누구나 자신의 말에 공감하고 입장을 이해해 주는 사람에게 신뢰감을 느낀다. 반응을 하는 것은 긍정적으로 하느냐 부정적으로 하느냐에 따라 상반된 결과를 가져온다.

"어제 서점에 갔더니 정말 책이 많이 나왔더라고요. 책 좀 읽고 자기 계발에도 힘을 써야겠어요."라고 동료 직원이 말을 한다면 "김 대리님, 웬일이에요?"라고 비아냥거리기보다는 "어머, 그래요? 나도 시간이 나면 서점에 들러봐야겠는걸요!"라고 긍정적인 반응을 보여 상대방의 이야기를 기분 좋게 들어주는 태도가 훨씬 좋겠다. 상대방의 입장에서 감정적으로 어떻게 듣고 상대의 기분을 좋게 만들어주느냐에 따라서 상호간 분위기도 달라지고 직장의 분위기도 좌우된다.

5 | L(Look) : 상대방을 바라보기

'눈은 입보다 더 많은 것을 이야기한다.'라는 외국 속담이 있다. 입으로는 거짓말을 할 수 있지만 눈빛은 속일 수 없다는 의미이다. 대화를 할 때 상대방의 눈을 똑바로 보지 못하거나 회피하는 사람은 거짓말을 하고 있을 가능성이 높은데, 실제로 인간 행동 유형을 연구 분석하는 사회학자는 거짓말을 할 때 상대방의 눈을 피하려 하며, 그럴 수 없는 입장일 때는 눈을 깜

박이는 횟수가 평소보다 많아진다고 했다. 그만큼 눈은 진실성을 나타내는 하나의 도구로 사용되므로 상대방을 바라보지 않고 듣는 태도는 무성의한 사람으로 비친다. 뉴욕 시장이었던 루디 줄리아니 Rudy Giuliani는 "총 대화 시간의 90%는 원고가 아니라 상대방의 눈을 쳐다봐야 한다."라고 충고한다. 그는 연설 내용을 완전히 외우고 단상에 오르는데 이는 연설자가 듣는 사람과 시선을 마주칠 때 듣는 사람은 연설자가 자신에게 직접 말을 거는 것처럼 느끼기 때문이라고 한다.

6 | Y(You are center) : 당신이 중심이다

자기 얘기만 하는 독선적이고 이기적인 모습이 아닌 상대를 중심에 두고 대화를 하는 것을 의미한다. 보통은 자신의 얘기를 하고 싶어하고 상대방은 나의 얘기에 귀를 기울여주길 바란다. 내가 중심이 아닌 상대를 중심에 놓고 대화를 하고, 내 입장이 아닌 상대방의 입장에서 귀를 기울이는 태도야말로 인간적으로 비치며 신뢰감을 줄 수 있는 경청 자세라고 할 수 있다. 노래를 들을 때 단지 가사만을 듣는 것이 아니라 전체의 음악을 감상할 수 있어야 제대로 이해할 수 있듯이 대화를 함에 있어서도 마찬가지다. 고객이 말하는 소리만을 들을 것이 아니라 진정으로 원하는 것이 무엇인지 전체를 이해할 수 있어야 한다. 그러기 위해서는 상대방의 중심에서 진심으로 고객의 말에 몰입해야 한다는 것을 명심해야 한다.

경청 체크리스트

다음 항목에 대해 자신의 점수를 매긴 후 합계를 구해 보세요.

매우 그렇다 : 10점 / 보통이다 : 5점 / 그렇지 않다 : 0점

Total

		0점	5점	10점
1	남의 말을 들을 때 상대의 얼굴을 보고 집중하며 듣는가?			
2	남의 얘기를 편견이나 선입관을 갖지 않고 호의적으로 듣는가?			
3	상대의 얘기를 중간에 끊지 않고 끝까지 듣는가?			
4	상대의 말에 자연스럽게 확인하거나 복창을 하며 듣는가?			
5	당신과 얘기하는 사람이 자신감과 안정감을 가질 수 있도록 공감하며 듣는가?			
6	상대가 말을 하는 동안에 다른 생각하지 않고 잘 듣는가?			
7	부드럽고 편안한 표정으로 들어주는가?			
8	말하는 사람이 기분 좋게 말할 수 있도록 관심을 가지고 듣는가?			
9	중요한 사항은 메모하면서 듣는 태도를 취하는가?			
10	관심 없는 얘기를 듣게 되더라도 불쾌한 표정을 짓지 않고 예의 바른 동작과 편안한 표정을 취할 수 있는가?			

듣기는 상대방이 전달하고 싶은 핵심과 의미를 이해하는 것이다. 겉으로 드러나는 단어만 듣는 것이 아니라 상대방의 마음을 헤아리고 이해를 하는 것이 중요하다. 여러분은 얼마나 상대방의 마음에 관심을 가지고 공감하면서 경청하는지 체크리스트를 통해서 자신의 강점과 약점을 파악해 보자.

100~90점 상대방의 의견을 귀 기울여 들어주고 의미까지 잘 이해하고 있으며 공감 경청에 우수하다

사람들은 자신의 말을 늘어놓기만 하는 사람보다는 잘 들어주는 사람을 더욱 좋아하므로 당신은 어디에 가나 인기가 많다. 당신과 얘기를 하는 사람들은 편안한 마음에서 대화를 할 것이며 이는 좋은 인간관계에 긍정적 영향을 끼치게 될 것이다.

89~70점 비교적 상대방의 의견을 잘 듣고 있는 편이나 부족한 몇몇 항목에 대한 주의가 필요하다

예를 들어 우리나라 사람들은 대화를 할 때 상대방의 말에 반응이 부족하다고 지적되는 경우가 많다. 상대방의 말에 맞추어 적절하게 맞장구를 쳐주면 말하는 사람은 신이 나서 자신의 얘기를 더 잘 해 준다. 듣고는 있으나 반응이 없으면 지루하거나 관심이 없다는 뜻으로 해석될 수 있으니 좋은 대인 관계를 원한다면 그 사이사이에 적절한 반응을 보여야 한다.

70점 미만 상대방의 의견을 듣는 과정에 어려움을 느끼고 있으며 의식적인 훈련을 통해 듣기 능력을 향상시켜야 한다

대화를 할 때 집중력이 떨어지고 상대방의 말을 경청하는 데 장애를 느낀다면 상대방과의 대화 주제가 엉뚱한 방향으로 벗어나기 쉽다. 좋은 경청 태도는 상대방의 표정과 동작 하나에도 관심을 가지고 듣기, 대화 중간에는 다른 생각하지 않고 집중하여 귀를 기울이기, 가만히 듣지만 말고 반응을 보이며 듣기, 상대방의 입장에서 듣기, 하나하나 주의 깊게 새기면서 듣기이다.

비즈니스 매너에 날개를 달자

Biz Manners

10

좋은 매너는 회사의 신뢰감을 얻어낸다

어려운 상황에서 직원의 매너는 더욱 빛이 난다

일전에 필자가 서울에 위치한 반도체 회사에 강의를 갔을 때의 일이다. 회사 앞에 도착하자 한 직원이 나와 회사의 특성상 보안이 철저하고 매우 엄격하므로 외부인들은 출입하기 전에 자동차를 정문 앞에 세워두고 먼저 차에서 내려서 보안 검색을 받아야 한다고 말했다.

차에서 내린 나는 안내 데스크에서 신분증을 맡기고 통행 카드를 받았다. 간단한 핸드백 검색을 하고 엑스레이 검사대를 통과했다. 그러자 이번에는 내 휴대 전화를 보여달라고 하더니 카메라가 부착된 휴대 전화는 카메라 렌즈에 스티커를 붙여야 한다고 했다. 일반적인 회사와는 다르게 꽤 깐깐한 절차를 마치고 나서야 회사 정문을 통과할 수 있었으며 지정된 외부 주차장에 주차를 한 뒤 강의실

에 들어갔다.

그리고 내가 강의를 마치고 나서 노트북 전원을 끄려는 순간, 안내를 담당했던 직원이 교육장으로 들어오더니 노트북도 검사를 해야 한다며 노트북을 들고 관련 부서로 가지고 갔고 잠시 후 아무 이상이 없다면서 협조에 감사하다는 말과 함께 되돌려주었다.

만약 여러분이 어떤 회사를 방문했을 때 이런 복잡한 절차의 검색을 받아야 한다면 기분이 어떨까? 아마 번거롭다고 느낄 것이고 귀찮다고 생각할 것이다. 복잡한 절차에 게다가 직원이 불친절한 모습이라면 기분은 더욱 나빠질 것이다.

그러나 이 회사에 대한 필자의 느낌은 매우 좋았다. 어떻게 그런 좋은 느낌을 받을 수 있었을까? 경비실 직원의 고객 응대 매너가 매우 훌륭했기 때문이다. 먼저 그 직원은 내가 강의를 하러 왔다고 말하자 "안녕하세요? 강희선 원장님이시죠?"라고 인사를 했다. 아마도 어제 담당 부서에서 나에 대한 정보를 미리 안내 받아서 알고 있었겠지만 따뜻한 미소로 인사하는 그의 모습은 회사에 대한 신뢰와 호감으로 이어졌다.

그리고 복잡한 검색 절차를 거칠 때마다 친절하게 그 이유를 설명해 주는 직원의 말 한마디 한마디에 정성과 배려가 느껴졌다.

"보안상 까다로운 절차가 있어서 먼저 양해 부탁드립니다."

"오늘은 주차장에 차가 많아서 죄송합니다만, 저기 구석에 주차해 주시겠습니까?"

"○○○ 이유로 신분증을 보여주시겠습니까?"

"날씨도 더운데 번거롭게 해드려 죄송합니다."

"협조해 주셔서 진심으로 감사합니다."

만약 "차에서 내리세요", "신분증 주세요", "통과하세요" 등과 같이 지시하는 어조로 말을 하거나 이유도 말해 주지 않은 채 신분증을 요구하고 아무 설명도 없이 휴대 전화의 카메라 렌즈에 스티커를 붙였더라면 '도대체 이 회사는 고객을 어떻게 생각하는 거지? 고객을 모두 도둑으로 보나?'라는 반감이 들었을 것이다.

똑같은 상황일지라도 고객을 응대함에 있어서 고객의 기분을 좋게 만드는 직원이 있는가 하면 고객의 기분을 나쁘게 만드는 직원이 있다. 그런 차이가 느껴지는 원인은 직원의 비즈니스 매너 능력에 달려 있다. 복잡하고 어려운 상황에서도 직원이 고객에게 보여주는 좋은 매너는 회사의 신뢰감으로 연결된다.

아직도 직원 자신도 모르게 몸에 배어버린 권위적이고 사무적인 응대 매너로 고객에게 불쾌함을 주고 이로 인해 회사의 신뢰도가 땅에 떨어지는 경우가 많다. 성공의 밑거름, 비즈니스 매너에 날개를 달려면 어떻게 해야 하는지 생각해 보자.

명함 주고받기와 소개하기

명함을 건넬 때

아무리 좋은 선물도 건네는 사람의 동작이나 말에서 성의를 느낄 수 없다면 선물에 대한 진실성을 느낄 수 없다. 명함을 건넬 때도 마찬가지이다.

- 고객보다 먼저 명함을 꺼내야 한다.
- 명함에 적힌 이름을 고객이 바로 볼 수 있도록 글자가 상대방에게 보이도록 하여 건넨다.
- 두 명 이상에게 명함을 줄 때는 윗사람부터 건넨다.
- 명함을 줄 때는 목례를 하며 가슴선과 허리선 사이에서 건넨다.
- 두 손으로 명함의 여백을 잡고 소속과 이름을 밝힌다. 아무 말 없이 명함을 주는 것보다 훨씬 신뢰감을 줄 수 있다.

명함을 받을 때

명함을 받고 나서 명함을 쳐다보지도 않고 바지 주머니 속으로 쏘옥 집어넣는 사람들을 종종 볼 수 있는데, 상대방을 무시하는 행동으로 보일 수 있으니 주의해야 한다. 명함은 상대방의 인격임을 잊어선 안 된다.

- 두 손으로 목례를 하며 정중하게 받는다.
- 받고 난 뒤 명함을 보면서 "○○회사의 ○○○ 과장님이시군요." 하며 상대방의 이름을 복창하는 것이 좋다.
- 한자로 표기되어 있는 명함을 받았을 때 모르는 한자가 있을 경우 은근슬쩍 넘기지 말고 상대방에게 솔직히 물어보는 것이 좋다. 이때 "죄송합니다만 이 한자는 무슨 자입니까?"라고 정중하게 물어보아야 한다.

명함을 받고 나서

명함은 자신의 소속과 이름이 새겨진 비즈니스 카드다. 명함 하나가 기업의 이미지와 개인들의 이미지를 좌우한다는 것을 기억해야 한다.

- 명함을 받고 나서 대화를 할 때도 명함을 함부로 다루지 않는다.
- 상담 시 명함은 테이블 위에 두고 대화를 나누는 것이 좋다.
- 대화 중간마다 상대의 직함과 이름을 부르면 친근감이 느껴진다.
- 상담이 끝날 무렵에 "오늘 말씀 감사합니다."와 같은 인사말을 한 뒤 명함 지갑에 소중히 보관한다.

명함(Business Card)의 유래

동양의 경우는 중국에서, 서양의 경우 프랑스에서 가장 먼저 명함을 사용하기 시작했다.
중국인들은 아는 사람 집을 방문하여 사람이 없으면 자신이 방문했었다는 표시를 남기기 위해 종이에 이름을 적고 돌아왔다. 집에 돌아온 상대방은 종이(명함)를 보고 바로 방문했던 사람을 찾아가 인사하는 방식이었다. 채륜이 종이를 발명한 시기가 AD 105년경으로 당시 이름을 적어둔 종이가 자신을 알리는 도구로 사용했다는 점에서 오늘날의 명함과 유사한 기능이라 무척 공감이 간다.
중국 춘추전국시대의 공자도 명함을 사용했다고 한다. 그 후 비단에 붉은색 붓글씨로 자신의 출신과 이름, 관직 등을 쓰면서 서서히 발전해 왔고 중국인들은 붉은색을 좋아하고 비단이 유명하니 그 당시 중국 명함은 아름답고 사치스런 명함이 아니었을까?
프랑스의 경우는 루이 14세 때부터 사교계 귀부인들이 트럼프 카드에 자신의 이름을 써서 왕에게 올린 것을 명함의 시초로 본다. 어찌 되었든 자신의 이름을 쓰고 자신을 알린다는 점이 오늘날 명함 유래가 될 수 있었다. 트럼프 카드에 자신의 이름을 썼다니 시각적으로 아마 화려하지 않았을까?

자기 자신을 소개할 때

자신을 소개할 때는 어디에 근무하는 누구라고 또렷하게 말을 해야 상대방에게 좋은 첫인상을 줄 수 있다. "안녕하세요? ○○회사 ○○팀 김친절입니다."

다음은 잘못된 자기소개의 예이다.
- "제 이름은 강자, 희자, 선자입니다."
  → 자기 자신을 상대방에게 소개할 때 간혹 자기 이름자 뒤에 '자'를 붙여 말하는 사람이 있는데 본인을 소개할 때는 '자'를 붙이지 않

는다.
- "저는 홍길동인데 별로 도움이 되진 않을 겁니다."
  → 이 말을 듣고 그에 대해 겸손한 사람이라고 생각할 사람은 아무도 없다. 오히려 궁색한 사람처럼 비친다.
- "저는 김씨입니다."
  → '아니, 세상에 모든 김씨가 자기야?'라고 생각하기 쉽다.

사람을 소개하는 순서

1 | 여러 명을 소개할 경우

모임에 참석한 사람들에 대한 정확한 정보가 있어야 한다. 우선 소개를 맡은 사람은 마음속으로 누구부터 어떤 순서대로 소개를 해야 하는지 잠시 생각하고 가장 지위가 낮거나 연령이 어린 사람부터 소개한다.

2 | 남성과 여성을 소개할 경우

여성에게 남성을 소개한다.

3 | 직위가 다른 두 명을 소개할 경우

직위가 높은 사람에게 낮은 사람을 소개한다.

4 | 회사의 상사와 고객을 소개할 경우

고객에게 회사의 상사를 소개한다.

5 | 상사와 부하 직원과 고객의 경우

상사가 고객에게 먼저 자기소개를 한 후 부하 직원을 소개한다. "김 사장님, 저는 ○○회사 ○○○ 부장이고, 이쪽은 홍길동 과장입니다."

6 | 연령이나 사회적 지위가 비슷한 여러 사람을 소개하는 경우

소개하는 사람과 가까운 곳에 있는 사람부터 소개한다.

7 | 나이 차이가 많은 두 사람을 소개하는 경우

연장자에게 연소자를 소개한다. 단, 나이가 적은 사람이 직위가 높을 경우는 반대로 소개한다.

8 | 한 사람을 여러 사람에게 소개하는 경우

먼저 한 명을 여러 사람에게 소개하고 난 뒤에 여러 사람을 한 사람에게 소개한다.

명함 관리는 인맥 관리이다

'신문기자의 왕' 조셉 퓰리처Joseph Pulitzer는 다음과 같이 명함 에티켓을 강조했다.

"간략해야 고객이 읽을 수 있다. 분명해야 감사할 것이며, 일목요연해야 기억할 것이고, 정확해야 제대로 된 안내서 구실을 할 것이다."

그의 이 말은 대인 관계에 있어서의 명함의 중요성과 역할, 기능에 대해서 아주 간결하게 요약한 것이라 할 수 있다.

명함은 누군가를 처음 만나 서로 인사하고 악수를 나누는 동안에 자연스럽게 주고받게 되므로 무엇보다 짧은 순간에 좋은 인상을 줄 수 있도록 사용해야 한다. 명함이 다 떨어진 것도 모른 체 미팅 자리에 나가 당황해하지 않도록 미리 명함을 넉넉하게 챙겨야 하며, 명함을 바로 전달해야 하는 상황에 대비하여 명함 지갑을 쉽게 꺼낼 수 있도록 가방 안에 있는 명함 지갑의 위치를 확인한다. 명함을 건넬 때 아무데서나 쑥 하고 명함을 빼서 주는 것은 무성의해 보일 뿐만 아니라 자신의 명함은 하찮은 종이에 불과하다는 느낌을 줄 수 있다. 명함 한 장을 주고받는 동작 하나만으로도 상대방이 어떤 성향의 사람인지를 짐작할 수 있다.

명함은 각 개인의 인격이며, 명함 관리를 잘 하는 것은 자신이 알고 있는 인맥을 관리하는 것이다. 그러므로 특징적인 내용은 명함에 적어두고 다음 만남에 도움이 될 수 있도록 정리해 둔다. 이때 상대방 앞에서 명함에 메모를 해야 한다면 반드시 양해를 얻어야 한다. 만난 날짜와 장소, 대화 내용 등 기억을 되살릴 만한 기록을 해두는 것이다. 나중에 그 사람과 다시 만났을 때 명함의 메모를 참고하여 첫 만남 때의 인상적인 부분과 가벼운 칭찬이나 감사의 마음을 전한다면 상대방은 당신에게 호감을 가지며 마음을 열고 세심한 사람이라는 느낌을 갖게 될 것이다.

그리고 정말 또 만나고 싶은 사람이라면 상대가 부담되지 않는 선에서 가벼운 식사나 차를 마시는 약속을 하는 것이 좋겠다. 그렇게 하지 않으면 상대가 마음에 드는데 표현을 하지 않아 내 마음을 알리지도 못한 채 끝이 나는 짝사랑처럼 관계가 끝나기 쉽다. 인간관계에서도 내가 먼저 마음과 관심을 표현하는 것이 바람직할 것이다.

소개는 사람과 사람을 연결해 주는 다리

예전에 필자는 모 회사 대표와 인사를 나눈 적이 있다. 대표에게 나를 안내한 교육 담당자는 다음과 같이 소개했다.

"사장님, 이번 강의를 해주실 강희선 원장님이신데, 저희가 여러 군데 잘 알아보고 강의를 잘하신다는 소문을 듣고 쓰게 되었습니다."라고 말하고는 정작 내게는 자신의 회사 사장님에 대한 소개는 해주지 않고 사장실에서 바로 나가버렸다. 직접 자기소개를 하면서 인사를 해도 별 상관은 없지만 처음 만나는 공적인 자리에서 조금 머쓱한 느낌이 들었다.

더욱이 "강의 잘하신다는 소문을 듣고 강사로 쓰게 되었다"라는 표현은

'내가 물건인가?'라는 반감을 가져올 수 있다. 사람을 소개할 때는 한 마디를 하더라도 성의를 다하고, 올바른 정보를 전하기 위해 주의를 기울여야 한다.

사람은 누구나 한두 개의 크고 작은 모임을 통해서 관계를 맺어 가고 만남을 유지한다. 모임 특성상 자신이 직접 자기소개를 하는 경우도 있고, 중간에 소개를 해주는 사람이 있어서 제3자를 통해서 소개받는 경우도 있다.

어떤 형태이든지 소개할 때 받은 첫인상은 오래 가기 마련이다. 처음 만나서 소개를 받으면 좋은 인상을 줄 수 있도록 친근한 인사와 더불어 자기에 대한 간단한 소개를 하는 것이 좋다. 필자는 업무 특성상 기업체의 교육담당자를 통하여 경영자들과 인사를 나눌 기회가 많다. 소개를 받고 나서 "만나 뵙게 되어 기쁩니다", "처음 뵙겠습니다", "○○씨로부터 많은 이야기를 들었습니다" 등 상대방에게 호감을 줄 수 있는 인사말을 건넨다. 아무 말도 하지 않고 인사를 하거나 악수만 한다면 좋은 느낌을 주기 어렵다.

"이 분은 저희 상무님이십니다."와 같은 극존칭을 사용하는 경우가 많은데 중간에서 양쪽을 소개할 경우에는 두 사람을 모두 존대한다는 뜻으로 "○○○이십니다."와 같은 극존칭을 사용하는 것은 바른 표현이 아니다. "상무님입니다."와 같이 직함만 존대하고 어미 부분인 '~이십니다'를 '입니다'로 바꿔주면 된다.

소개는 그 사람이 누구인지 알려주는 단순한 개념을 넘어서 서로의 첫만남을 매끄럽게 해주는 가교 역할을 한다. 누구나 처음 만나면 어색함이 흐르기 마련인데 이때 서로를 부드럽게 소개해 주는 사람이 있으면 한결 분위기가 좋아진다.

    소개할 대상이 많다고 해서 뒤죽박죽, 에라 모르겠다, 그냥 보이는 사람 순서대로, 자신이 말하기 편한 순서대로 소개해 버리는 신입 직원을 본 적 있다. 처음에는 여러 사람이 있어서 복잡하고 번거롭게 생각이 들겠지만 소개 순서를 익히는 것은 사회생활을 하는 사람들에게 있어 매우 중요하다. 매끄러운 인간관계를 원한다면 어떻게 소개를 하면 좋을지 소개 에티켓에 대해 익혀야 한다.

self-check 점검하기
비즈니스 매너 체크리스트

다음 항목에 대해 자신의 점수를 매긴 후 합계를 구해 보세요.

매우 그렇다 : 10점 / 보통이다 : 5점 / 그렇지 않다 : 0점

		Total		
		0점	5점	10점
1	비즈니스 매너의 중요성을 인식하고 실천하고 있는가?			
2	고객 응대 시 친절하고 적극적으로 행동하는가?			
3	인사하고 나서 명함을 줄 때 에티켓을 잘 알고 실천하는가?			
4	담당자와 미리 만날 것을 대비하여 명함을 준비하여 바로 건네는가?			
5	소개를 받으면 먼저 배려의 말이나 행동을 취할 수 있는가?			
6	명함을 받고 상대방의 이름(한자, 외국어)을 읽을 수 없다면 솔직하게 상대 이름을 물어보는가?			
7	사람을 소개하는 순서를 정확하게 숙지하고 있는가?			
8	명함을 받고 나서 상대의 직함과 이름을 부르면서 친근한 대화를 할 수 있는가?			
9	명함을 명함집에 깔끔하게 정리하여 보관하는가?			
10	명함 교환 시, 소개를 할 때 호의적인 태도와 표정으로 신뢰감을 주고 있는가?			

여러분은 사람을 처음 만났을 때 어떤 매너가 좋은 인상을 줄 수 있는지 잘 알고 실천하는가? 명함을 받아도 꿀 먹은 벙어리처럼, 소개를 받아도 꿔다 놓은 보릿자루처럼 가만히 있어서는 곤란하다. 매너는 타인을 위한 내 마음의 표현이므로 좋은 매너를 습득해 언제나 즐거운 마음으로 표현할 수 있어야 할 것이다.

100~90점 언제나 적극적이고 부드러운 매너를 실천하고 있다

다른 사람들에게 좋은 매너를 보여줄 때 당신이 속한 사회나 직장에서 미치는 긍정적 영향은 크다. 좋은 매너는 그만큼 부가가치를 가져다주고 자신도 모르는 사이에 타인의 마음을 사로잡고 있다. 지금의 좋은 매너가 자신의 간판이 되도록 유지해야 한다.

89~70점 지금도 비즈니스 매너는 훌륭하지만 때로는 작은 부분을 소홀히 여김으로써 당황스런 경우가 발생할 수 있다

예를 들어 미리 명함 수량을 확인하지 않고 미팅에 나가 처음 만나는 고객에게 명함을 주지 못하는 경우, 누구를 먼저 소개해야 하는지 순서를 몰라서 헤매는 경우 등이다. 작은 부분이라고 여기지 말고 이런 부분까지 세심하게 정성을 기울일 때 타인에게 호감을 줄 수 있다는 것을 기억하라. 슈바이처 박사의 말처럼 언제 어디서 누구에게나 친절해야 하며 늘 좋은 인상을 주기 위해 노력해야 한다. 그런 노력이 당신을 인간적으로 보이게 만든다.

70점 미만 비즈니스 매너의 중요성을 인식해야 하며 좋은 매너를 습득하려는 실천적 의지가 필요하다

매너는 저절로 배워지는 것이 아니라 노력이 필요하다. 평상시 생활 속에서 타인에게 자신의 좋은 매너를 실천하여 몸에 익히는 것이 중요하다. 사람을 처음 만날 때 신뢰감을 주기 위해서는 고객을 만나기 전에 명함 준비하기, 소개 시 상대방에 대한 예의 갖추기, 사람과 사람 사이의 교류를 통해 상대방에게 맞는 몸가짐이나 상냥한 말투, 분명한 행동을 갖추는 데 관심을 가지고 표현해야 한다. 지금 이 순간에도 당신의 매너와 태도를 눈여겨보고 있다는 사실에 주목하라.

상상 속의
그대는 전화 미인!

Telephone beauty

11

전화 미인 되세요

경기도 모 기업 총무과 직원과 전화를 한 적이 있다.

"안녕하십니까? 저는 강희선이라고 합니다. 교육과 관련해 총무부장님과 통화를 하고 싶은데 자리에 계신가요?"

"과장님 자리에 안 계신데요. 있다가 다시 전화하세요."(오후 2시, 먼저 툭 하고 끊는다.)

"과장님 지금도 안 들어오셨어요. 조금만 더 있다가 전화 다시 하세요." (오후 4시)

"과장님 퇴근하셨습니다. 내일 다시 하세요."(오후 6시)

직원이 너무 바빠서 전화를 성실하게 받지 못할 것이라고 생각하는 고객은 없다. 불친절한 직원의 통화는 고객으로 하여금 '여기 아직도 멀었구나!'라는 생각을 하게 만든다. 한 직원의 불친절한 전화 통화로 인해 그 조직의 이미지가 한꺼번에 나빠질 수 있다.

직원의 전화 매너는 회사의 경쟁력이다. 고객과의 전화 응대 매너는 더할 나위 없이 중요한 영업이다. 시간이 가면 갈수록 사람과 직접 만나서 일처리를 하기보다는 전화상으로 1차 접촉이 이루어지고 그 다음으로 대면

영업 미팅이 이어지는 경우가 더 많아지므로 상대방이 보이지 않는다고 해서 무성의하게 사무적으로 전화 응대를 한다면 영업의 기회조차 오지 않는다. 결국 나쁜 전화 매너로 인해 고객이나 상대방의 기분을 상하게 하는 것은 회사의 손해와 직결되는 것이다.

전화는 서로가 보이지 않는 상황에서 대화를 나누게 되지만 전화를 끊고 난 후에는 대화를 나누었던 상대방의 이미지는 상상 속의 그대가 되어 머릿속에 그대로 남게 된다. 따라서 전화 통화를 하고 나서도 좋은 느낌이 들도록 전화 미인이 되자. '이렇게 친절한 사람은 어떻게 생긴 사람일까?'라는 궁금함이 일어나도록 말이다.

전화는 다음과 같은 세 가지 특징이 있다.

1 | 목소리를 통해 상대방의 모습을 연상한다

전화 통화는 서로가 보이지 않는 상황에서 대화를 나누게 되지만 전화를 끊고 난 후에도 상대방의 이미지는 그대로 남는다. 상대방이 보이지 않을수록 더욱 정중하게 예의를 갖추어야 한다.

최근 강의를 맡고 있는 기업의 임원으로부터 전해들은 이야기다. 그분은 오랜만에 친구에게 전화를 걸었는데 무척 섭섭했고 실망이 컸다고 했다. 늘 마음속에 절친한 사이로 생각했던 친구에게 안부 전화를 걸었는데 친구가 반갑게 전화를 받을 것이라는 기대와는 달리 매우 바쁘다는 듯이 시종일관 시큰둥한 목소리로 "어, 그래."라는 말만 반복하더라는 것이다. 그 친구가 "어쩌지! 내가 지금 바쁜 시간이라서 전화를 길게 하지 못하네. 정말 미안하네."라는 말만 했더라도 친구의 바쁜 상황을 충분히 이해할 수 있었는데 친구에게 실망감이 들었다고 했다.

이처럼 전화 대화는 들려오는 소리만으로도 상대방의 상태나 입장을 연상하게 된다. 따라서 상냥하고 부드러운 목소리의 소유자는 좋은 이미지로 연상되어 신뢰감으로 이어지지만 무뚝뚝한 음성의 소유자는 전화 대화가 오히려 오해를 불러일으키게 된다. 서로 상대의 얼굴이 보이지 않고 상대가 처한 상황이 보이지 않는 전화를 통해 고객과 대화를 할 경우에는 직접 고객을 대하는 것보다 더 부드럽게 대화를 하려는 섬세한 노력이 필요하다.

2 | 전화는 보안성이 없다

전화 통화를 할 때 수화기를 통하여 상대방의 회사에서 시끄럽게 들리는 주변의 소음이나 큰 소리로 떠드는 직원들의 목소리가 들리면 전화 통화에도 지장을 받게 될 뿐만 아니라 회사의 신뢰도 또한 떨어진다. 회사의 중요한 내용이 상대방 경쟁사의 전화기를 통해 흘러갈 수도 있다.

한번은 이런 일이 있었다. 모 회사에 전화를 걸어 "저는 강희선이라고

합니다. 홍길동 부장님과 통화를 할 수 있을까요?"라고 했더니 전화를 받은 여직원은 "부장님, 전화 받으세요. 강 뭐라고 하는데 정확히 못 들었어요. 그런데 처음 듣는 여자 목소리예요, 호호!"

수화기를 통해 상대방의 이런 소리를 들었다면 기분이 어떨까? 전화 한 통만으로도 별 볼일 없는 회사로 낙인찍히게 된다. 이처럼 상대방이 보이지 않는다고 해서 불필요한 소리를 하여 회사의 신뢰도를 떨어뜨리는 일은 없도록 해야 한다. 보안성이 없는 전화의 특성상, 통화 시에는 시끄러운 소음이나 불필요한 이야기가 들리지 않도록 각별히 주의해야 한다.

전화는 회사의 얼굴이다. 상대방과 대면하고 대화를 하듯이 주변을 조용히 하고 좋은 매너로 대화에 집중해 좋은 이미지를 줄 수 있어야 한다.

3 | 전화는 일방적으로 걸려온다

일정한 시간을 정해 놓고 그 시간에만 전화가 걸려온다면 얼마나 편안할까? 그러나 현장에서는 전화벨이 예측 없이 수시로 울리고 전화를 받아야 하는 상황이 대부분이다. 갑자기 전화벨이 울려서 통화를 하게 되더라도 언제나 준비된 모습으로 친절하게 전화를 받는 매너는 좋은 인상을 준다. 또한 자신이 전화를 걸어야 하는 경우라면 상대방이 당황하게 받아들이지 않도록 상대가 전화 받기 괜찮은 시간과 상황인지 미리 고려한다.

점심시간에 전화를 하거나 퇴근 시간이 지나서 전화를 걸어야 한다면 상대방에게 이 시간에 전화를 해야 하는 어쩔 수 없는 상황에 대해 간단하게 언급하고 상대방의 양해를 구한다. "지금 전화 받기 괜찮으십니까?", "지금 통화가 어렵다면 전화를 받기 편안한 시간은 몇 시쯤이세요?"와 같이 상대방의 상황과 시간, 입장을 고려하여 통화를 하는 배려가 필요하다.

전화 미인 되는 법

전화를 걸 때

1 통화 계획을 사전에 점검한다

- 상대방의 입장(TPO: time, place, occasion)을 고려하여 전화를 걸어도 될지를 생각하고, 자신의 음성을 가다듬는다.
- 상대방의 전화번호, 이름, 소속, 용건을 미리 확인한다.
- 필요한 자료, 서류를 준비해 둔다. 메모 용지와 필기구는 옆에 둔다.

2 첫 인사, 소개, 상대방을 확인한다

- 상대방이 수화기를 들면 인사를 하고 자기의 소속과 이름을 먼저 밝힌다.

3 업무 처리를 한다

- 상대방이 현재 통화를 할 수 있는지 확인하여 자신의 입장에서 일방적인 통화가 되지 않도록 주의한다.

4 요점을 정리하고 확인한다

- 용건은 간단하고 요령 있게 전달한다.
- 주요 내용이나 틀리기 쉬운 부분은 반복해서 이야기한다.
- 용건이 복잡할 때는 용건을 재확인한다.

5 전화를 끊을 때 마무리 인사를 한다

- "소중한 시간을 내주셔서 고맙습니다."와 같은 상황에 맞는 인사를 한다.
- 상대방이 끊고 난 뒤 조용히 수화기를 내려놓는다.

전화를 받을 때

1 신속히 받는다

- 벨 소리가 울리고 나서 2~3번 이내에 수화기를 든다.
- 수화기는 왼손에 들고 오른손은 메모 준비를 갖춘다.

2 전화를 끊을 때 마무리 인사를 한다

- 인사말, 소속, 이름을 밝힌다. "감사합니다. ○○팀 ○○○입니다."

3 업무 처리를 한다

- 6하 원칙에 따라 '누가, 언제, 어디서, 무엇을, 어떻게, 왜'의 항목을 메모한다.
- 통화 중에 급한 용건의 전화가 걸려오면 양해를 구하여 통화 중인 전화를 일시 보류하고 긴급 전화를 받도록 한다.
- 중요한 내용은 복창하고 상대방에게 확인하며 의문 사항은 정중하게 질문한다.

4 마무리 인사를 한다

- 전화를 끊을 때 더 궁금한 사항이 없는지 확인하고 마무리 인사를 한다.

5 수화기를 내려놓는다

- 상대방이 먼저 끊는 것을 확인하고 조용히 수화기를 내려놓는다.

전화 예절 3대 원칙

1 | 신속하게 받는다

전화를 받을 때는 신호가 세 번 울리기 전에 바로 받는다. 신속하지 못한 응대는 신뢰감을 떨어뜨린다. 전화를 받으면서 자신의 회사, 소속팀, 이름을 말하면 된다.

부득이하게 전화를 늦게 받았을 때는—예를 들어 벨이 4번 이상 울렸을 경우—"늦게 받아 죄송합니다. ○○○(회사명) ○○○(이름)입니다."라는 말과 함께 양해 인사를 한다.

본인에게 걸려온 전화만 잘 받고 다른 직원의 전화는 벨이 울리든 말든 받아주지 않는다면 그 회사에 대한 고객의 불만은 점점 커질 것이다. 고객은 전화를 여러 번 걸어도 연결이 쉽게 되지 않는 회사에 대한 감정이 좋을 리 없다. 회사에 걸려오는 다른 직원의 전화도 대신 잘 받아주는 것은 회사의 이미지에도 긍정적 영향을 미친다.

2 | 정확하게 받는다

전화상에서의 대화는 서로 얼굴을 볼 수 없는 상태에서 목소리만으로 진행되므로 정확한 의사소통이 요구된다. 전화 통화는 '기계를 통한 소리의 전달'이라는 특성으로 인해 때때로 의사 전달에 큰 혼란을 초래하기도 한다. 그러기 위해서는 대화상의 중요 부분을 다시 한 번 확인하고 메모를 한다.

호출기(일명 삐삐)를 사용했던 그 시절을 회상해 보자. 어떤 남자가 다방에 전화를 걸어 호출하신 분을 바꿔 달라고 했다.

전화를 받은 직원이 잠시만 기다리라고 하고는 "홀쭉하신 분 전화 받으세요."라고 말을 했다. 그러자 아무도 전화를 받는 사람이 없자, 직원은 전화를 한 남자에게 오늘은 홀쭉하신 분이 아무도 없다고 전했다. 이 말을 들은 남자는 화를 내면서 "삐삐 하신 분이요."라고 했다. 다시 직원은 "손님 중에 빼빼하신 분 전화 받으세요."라고 말을 했지만 전화를 받으러 나오는 사람은 단 한 사람도 없었다.

물론 웃자고 하는 얘기라고 하지만 이런 경우 직원은 어떻게 얘기를 해야 할까?

"죄송합니다. 홀쭉이 아니라 호출요?", "빼빼가 아니라 삐삐요?"라고 확인을 해야 할 것이다.

이처럼 전화의 약점은 메모와 복창으로 커버할 수 있다. 메모와 복창은 전화상에서 특히 중요한 커뮤니케이션의 수단이므로 전화기를 들면 동시에 메모 준비를 하도록 한다.

3 | 친절하게 받는다

상대방이 보이지 않는 상황에서 음성으로만 의존하는 전화의 특성을 이용하여 언성을 높이거나 고객과 언쟁을 하는 직원들이 있다. 그로 인해 고객은 더욱더 분노하며 회사에 대한 불만을 표시하게 된다. 반대로 친절한 목소리는 고객의 감정을 편안하게 만들고 만족감을 더해준다.

지인 한 분이 제품에 대한 불만이 생겨 전화를 했는데 전화를 받은 직원의 따뜻하고 친절한 전화 응대 태도로 인해 화가 나기는커녕 오히려 칭찬을 하고 끊었다고 했다.

전화상의 목소리는 자신의 인격이자 회사의 이미지이다. 허리를 펴고 바른 자세로 친절한 목소리로 대화를 해야 한다. 어떤 음성으로 말을 하고 의사를 전달하느냐에 따라서 친절한 사람이 될 수도 있고 불친절한 사람이 될 수도 있다.

자신의 목소리를 녹음하여 들어보면서 따뜻하고 부드러운 목소리로 대화할 수 있도록 늘 부드러운 음율, 따뜻한 어감, 친절한 목소리로 통화를 하도록 노력하다 보면 전화상으로 들리는 여러분의 목소리는 고객에게 정감이 느껴질 것이다. 친절한 전화의 목소리는 보이지 않아도 미소와 친절로 느껴진다.

전화 응대 요럴 땐 요렇게 – 상황별 표준 응대법

전화의 상황별에 따른 표준 응대를 익힘으로써 생산적인 대화가 가능하여 고객 만족도를 높일 수 있다.

다른 회사(부서)를 찾는 잘못 걸린 전화는?

- 잘못 걸려온 전화도 친절하게 응대한다.

    "여기는 ○○○입니다. 전화를 잘못 거신 것 같습니다."

- 다른 부서를 찾을 경우 직통 전호를 안내해 준다.

    "담당 부서로 돌려드리겠습니다. 끊길 경우 ○○○-○○○번으로 하시면 됩니다."

하필이면 담당자가 부재중이라니!

- 찾는 사람이 부재중임을 알리고 메모를 남길 것인지 다시 전화를 할 것인지 여쭙는다.

- 메모를 남길 경우

    "네, ○○○ 회사의 ○○○ 대리님이 맞습니까? 이 대리님 돌아오시면 바로 메모를 전달해 드리겠습니다."

- 메모를 남기지 않을 경우

    "네, 30분 후쯤 돌아오실 예정인데 그 때 전화해 주시면 감사하겠습니다. 즐거운 시간 보내세요."

고객 응대 중에 전화가 오니 바쁘다 바빠!

- 고객에게 양해를 구하고 수화기를 든다.

    "고객님, 잠깐 실례하겠습니다."

- 통화가 길어질 것 같으면 전화 고객에게 양해를 구한다.

    "죄송합니다만, 지금 고객이 기다리고 계셔서 제가 잠시 후 전화를 다시 드려도 괜찮겠습니까?"

전화가 잘 안 들려 답답하다 답답해!

- 상황을 정확히 설명한다.

    "죄송하지만 잘 안 들립니다. 한 번 더 말씀해 주시겠습니까?"

통화 중 끊겼던 전화를 다시 받을 때 어쩌지?

- 통화 중 끊긴 전화의 고객인지 먼저 확인한다.

    "죄송합니다만 조금 전에 전화하신 고객님이십니까?"

- 이전에 설명 중이던 내용을 연결하여 설명해 드린다.

    "다시 한 번 말씀해 주시겠습니까?"
    "말씀드리던 내용을 계속 안내해 드리겠습니다."

회사 위치를 한 번에 쉽게 알려주는 방법 어디 없을까?

- 어디서 출발하는지 상대방의 위치를 먼저 확인하고 교통편을 안내한다.

    "승용차를 이용하는 경우 주차는 유료(혹은 무료)입니다. 참고하세요."
    "찾아오시다가 잘 모르신다면 다시 한 번 전화를 걸어주시겠습니까?"

다짜고짜 책임자를 바꿔 달라고 하는데 정말 난감하네!

- 고객의 의견을 듣고 상황을 판단한다.

    "저에게 말씀을 해주시면 최선을 다해 처리해 드리겠습니다."

- 계속 책임자를 바꿔 달라고 하는 경우

    "네, 잘 알겠습니다. 잠시만 기다려주시겠습니까?"

- 책임자를 연결할 경우

    "기다리게 해서 죄송합니다. 고객님, 저희 ○○○ 팀장님을 연결해 드리겠습니다."

통화하기 어렵다고 불평하는 고객을 어떻게 달래지?

- 고객의 의견을 경청하며 통화의 어려움에 대해 공감한다.

    "네, 그러셨습니까? 불편을 드려 죄송합니다."

- 전화 연결이 잘 안 된 사유를 설명하고 양해를 구한다.

    "고객님(죄송합니다), ○○○ 때문에 전화 연결이 어려웠던 것 같습니다. 무엇을 도와 드릴까요?"

전화 매너 체크리스트

다음 항목에 대해 자신의 점수를 매긴 후 합계를 구해 보세요.
매우 그렇다 : 10점 / 보통이다 : 5점 / 그렇지 않다 : 0점

Total

		0점	5점	10점
1	전화벨이 3회 이상 울리기 전에 받으며 늦게 받았을 경우에 양해의 인사를 하는가?			
2	자신의 소속과 이름을 밝히는가?			
3	가볍게 인사를 나누고 나서 본론으로 들어가는가?			
4	밝은 목소리로 말하며 알기 쉬운 말로 배려하는가?			
5	용건을 요령 있게 말할 수 있는가?			
6	중요한 사항은 메모하고 확인하는가?			
7	상대방의 말을 자르지 않고 주의·집중하는가?			
8	전화를 거는 경우 말할 내용을 미리 메모하고 전화에 필요한 서류는 미리 준비하는가?			
9	상황이나 상대방에 맞는 끝맺음의 인사를 하는가?			
10	상대방의 전화를 끊고 나서 전화를 끊는가?			

사람을 처음 만날 때 좋은 인상을 주기 위해 밝게 인사를 하는 것처럼 전화를 받을 때에도 미소 띤 음성으로 밝게 인사를 해야 좋은 첫인상을 줄 수 있다. 지금 여러분 앞에 있는 전화가 울린다면 어떻게 받을 것인가?

한편 나를 어떻게 알았는지 종종 내게 전화를 하는 텔레마케터가 있다. 그냥 끊기 미안해서 잘 들어주고는 있지만 그녀와의 전화 통화는 늘 부담스럽다. 그녀는 지나친 콧소리와 요점 없이 혼자서 횡설수설 말을 하는 습관이 있기 때문인데 지금은 "안녕하세요?" 라는 그녀의 목소리만 들어도 부담스런 생각이 든다. 지금 여러분이 전화를 걸어야 한다면 상대방은 여러분의 목소리를 듣고 어떤 느낌을 받을까?

100~90점 당신의 전화 응대는 최고 수준으로 전화 매너를 정확하게 이해해 실천하고 있다

전화 통화에 있어서 상대방을 배려하는 당신의 전화 매너는 상대방이 전화를 끊었을 때 전화 미인으로 기억되기에 충분하다. 상대방이 보이지 않아도 친절한 목소리로 전화 통화에 최선을 다하는 당신의 모습은 더욱 진실된 사람으로 비칠 것이며, 당신의 품격을 한층 더 업그레이드시켜 준다.

89~70점 전화의 특징과 전화 응대에 대해 전반적으로 숙지가 잘 되어 있으나 세심한 부분까지 조금만 더 관심을 기울이는 노력이 필요하다

예를 들면 전화를 끊을 때 상대보다 먼저 '툭' 하고 끊는 등 작은 부분에 소홀한 경우는 없는지 자신의 전화 매너를 점검해 보고 개선할 필요가 있다. 처음부터 전화기를 내려놓는 마지막 순간까지 세심하게 성의 있는 전화 응대를 할 수 있다면 완벽한 전화 미인이 될 수 있다.

70점 미만 무성의하고 불친절한 전화 응대로 인해 지적을 많이 받고 있다

상대방이 보이지 않는다고 하여 무신경하게 전화를 받는다면 자칫 오만하고 도도한 사람으로 비칠 뿐만 아니라 회사 이미지에도 부정적 영향과 손실을 입히게 된다. 전화 통화 시에는 기본 사항만큼이라도 꼭 숙지하고 실천하라. 전화 통화도 사람을 마주 보고 있는 것처럼 대화하기, 상냥하고 정성스런 목소리로 응대하기, 고객의 입장에서 정확하게 처리해 주기 등이다.

내가 회사 대표라는 마음을 가져라

Mind

12

회사를 나가는 순간 당신이 회사이다

각각의 회사에 몸담고 있는 여러분은 단순한 개인이 아니다. 여러분이 하는 말과 보여주는 행동은 회사의 이미지이며 회사를 대변한다. 따라서 회사의 직원으로서 업무를 할 때는 사적인 공간에서 하는 말이나 행동과 철저히 구분해야 한다.

상대 회사를 방문하면 잠시 대기실이나 상담실 등에서 상대를 기다려야 하는 경우가 있다. 다른 사무실을 방문하여 부재중인 담당자를 기다릴 때 여러분은 어떤 모습인가? 응접실에 안내를 받으면 자신이 알아서 아무 자리에나 턱하니 앉기보다 직원이 정해준 자리에 앉아서 대기해야 한다. 상대방이 앉으라는 별도의 안내가 없으면 출입구에서 가까운 곳에서 기다리다가 상대의 권유에 따라 상석으로 바꾸어 앉는다. 이때 등받이에 머리를 기대거나 다리를 꼬고 앉는 경우가 있는데 이는 결례이다. 허리를 펴고 바르게 앉아서 기다리도록 한다. 간혹 신발을 걸쳐 신는 경우가 있는데 지저분한 느낌이 든다. 만약 자세가 바르지 못하면, 특히 초면인 경우 거만한 인상으로 비치므로 좋은 관계로 발전하기 힘들 것이다.

외투를 입었을 경우 상대방이 권유하면 주변 옷걸이에 걸어둔다. 자신이 일어나서 무턱대고 옷걸이에 옷을 거는 모습은 좋지 않다. 이럴 때는 바르게 접어서 소파의 팔걸이에 놓으면 된다. 소지품은 테이블 위에 올려놓지 말고 가방은 소파의 측면이나 발밑에 두고 자세를 흐트러뜨리지 않는 자세로 대기한다. 담당자가 오기 전에 명함을 미리 준비해 두면 자연스럽게 인사를 나눌 수 있다. 만약 준비를 하지 못했다면 "먼저 받고 드리겠습니다."라고 정중하게 양해를 구한 뒤 건넨다. 명함을 교환하자마자 바로 자리에 앉는 것보다 상대가 착석을 권하면 감사의 표시를 하고 바르게 앉는다.

이와는 반대로 외부인이 여러분 사무실을 방문했다면 여러분은 어떤 모습인가? 종종 다른 사무실을 방문했을 때 안내를 해주기는커녕 보고도 보지 못한 척 자신의 일만 하는 직원들이 의외로 많다. 이런 태도는 다른 일에는 무관심하고 나는 그런 일을 하는 사람이 아니라는 경직된 사고를 가지고 있는 사람들에게서 나온다. 즐겁고 감사한 마음으로 직장을 다니는 사람들은 표정과 자세부터 남다르다. 늘 고객에게 관심을 가지고 있고 상대를 불편하게 하는 법이 없다. 언젠가 신문에서 읽었던 느낌 좋은 글이 있다.

눈이 내리는 무척 추운 겨울이었다. 이사를 와서 얼마 지나지 않아 시청에 볼일이 있어서 민원실을 방문했다. 민원실 소파에 앉아서 차례를 기다리고 있었는데 연세가 많은 할아버지 한 분이 들어오셨다. 할아버지는 주변을 두리번거리더니 신청서 한 장을 들고 어떻게 할지 몰라 걱정하는 눈치였다. 순간 나는 할아버지가 글을 모르신다는 느낌을 받았고 내가 도와드려야 하는 건지 어떻게 해야 할지 조금 난감해졌다.

그런 걱정도 잠시, 여직원 한 명이 재빠르게 다가오더니 "어머, 할아버지! 오늘 정말 날씨가 많이 춥네요. 저희도 퇴근 시간이 다가와서 빨리 일을 끝내려고 하는데 제가 도와드릴게요."
하고 말했다. 상대가 무안하지 않도록
웃음과 친절로 할아버지의 근심을
웃음으로 덮어버리는 여직원의 모습
에서 우리 동네가 가장 살기 좋은 동
네인 것 같았다.

위의 글처럼 외부인이 사무
실에 들어왔을 때 따뜻한 미소로
환영을 해주고 안내를 해준다면 회사의 신뢰도는 높아질 것이다. 여러분은
적극적으로 상대방에게 인사를 하고 도와드리겠다는 태도를 보이고 있는
가? 사무실을 처음 방문한 고객은 낯선 장소에 처음 갔을 때의 생경한 느낌
이 들 것이다. 직원들은 항상 하는 업무이고 친숙한 환경이지만 고객은 어
디가 어디인지 직원 입장에서 쉽게 보일 수 있는 간단한 부분도 몰라서 문
의하는 경우가 많다. 고객은 낯선 나라에 처음 방문한 외국인임을 기억하고
방문한 고객에게 최선을 다해 접대해야 한다.

배려하며 행동하라

고객 맞이하기

누군가 다가와 친절하게 "안녕하세요?"라고 인사를 하면 마음이 훨씬 편안해진다. "무슨 일이시죠?" 하고 불친절한 시선으로 맞이하기보다는 먼저 외부인을 본 사람이 적극적으로 다가가 용건을 묻고 찾는 사람이나 담당 부서로 안내하고 담당자에게 고객이 왔음을 알려주도록 한다.

- 고객의 옷차림이나 용모 등에 대한 선입견을 갖지 않고 모든 고객에게 친절해야 한다.
- 고객을 맞이할 경우 늘 적극적으로 인사하고 환영한다.
- 가급적 인사는 일어나서 하도록 하고 찾아온 용무를 정중히 물어본다.
- 담당자가 없는 경우는 다른 사람이 대신 일 처리를 해도 되는지 아니면 기다릴지를 물어본다.
- 상사에게 불청객이 방문했을 경우 우선 상사와 사전 약속이 되어 있는지를 파악한다. 상사가 만나기를 꺼려한다면 "회의에 참석 중이십니다. 부재중이어서 만나기 곤란하시니 연락처를 남겨주십시오."라는 식으로 사양의 뜻을 완곡하게 전한다.

고객 안내하기

한번은 교육 담당자의 안내를 받고 5층까지 계단으로 올라가는데 그 직원의 걸음이 얼마나 빠르던지 노트북과 큰 가방을 들고 쫓아가는 내 마음은 그를 놓칠세라 무척 불안했다. 겉으로는 여유 있는 미소를 짓고 있었지만 상대를 배려하지 않는 직원의 안내에 마음이 살짝 언짢았다. 고객을 안내할 때는 상대방의 입장을 고려하여 편안한 매너로 안내해야 한다.

- 자신을 밝힌다. "안녕하세요? ○○의 ○○입니다. 제가 안내를 해드리겠습니다."
- 안내 시 상대방보다 두세 걸음 앞서 걷는다.
- 가끔 고객이 잘 따라오고 있는지 뒤를 돌아보며, 복도 모퉁이나 계단을 돌 때는 멈춰 서서 가야 할 방향을 손을 모아 가리키고 안내자가 옆으로 비켜서서 앞선다.
- 엘리베이터로 안내를 할 경우 따로 엘리베이터 안내원이 있을 경우는 고객이 먼저 타고 내리지만 안내원이 없을 경우는 고객이 한 사람이면 먼저 타고 내리도록 하고, 고객이 여러 명인 경우는 직원이 먼저 타고 제일 나중에 내리면서 엘리베이터를 작동한다.
- 회전문을 이용할 때는 안내자가 먼저 들어서서 문을 밀어주는 것이 예의이다. 단, 자동 회전문일 경우는 고객이 앞서 들어가도록 안내한다.
- 방으로 안내하는 경우는 미는 문은 안내자가 먼저 들어가며 당기는 문은 고객을 먼저 들어가도록 배려한다.

방향 지시하기

고객과 동행하지 못하고 말로써 방향을 알려줘야 할 때는 "쭈욱~ 가시다가 오른쪽으로 삐잉~ 돌아가세요."라고 말을 한다면 말하는 사람은 쉽겠지만 듣는 사람은 '쭈욱'이 어느 정도 가야 하는 거리인지, '삐잉'은 얼마만큼 돌아가야 하는지 더욱 혼동될 것이다. 정확한 거리와 위치를 설명해 주어야 한다.

- 고객의 질문을 복창한다. "네, 총무과요?", "식품부요?" 이처럼 복창을 한다면 상대의 말을 잘 이해했다는 표시이다.
- 손가락을 모으고 손바닥 전체를 펴서 방향을 가리킨다.
- 오른쪽을 가리킬 때는 오른손으로, 왼쪽을 가리킬 때는 왼손을 사용한다. 방향을 지시할 때는 같은 방향의 손을 사용한다.
- 방향을 가리키고 나서 이해를 잘 했는지 확인하기 위해 상대방을 바라본다. 혹시 자기가 가는 곳과 같은 방향이라면 "절 따라오세요."라는 표현보다는 "제가 안내를 해드리겠습니다."라고 말하며 안내한다.

사무실에서 상석 안내하기

고객을 상담실이나 응접실로 안내를 했을 때 어느 자리로 안내를 해야 할지 난감한 경우가 있다. 안내 직원이 상석을 정확하게 알고 있다면 주저함 없이 고객을 상석으로 모실 수 있다. 잠시 고객이 혼자 기다려야 하는 상황이라면 차 서비스를 한다거나 신문이나 잡지 등 기타 원하는 게 있는지에 대해 물어본다.

- 출입구, 통로에서 먼 자리
- 등이 편안하고 좋은 의자가 있는 자리
- 전망이 좋은 자리
- 벽에 아름다운 액자가 마주 보이는 자리

자동차에서 안내하기

- 운전자가 있는 경우 : 운전석과 대각선의 뒷자리
- 자가 승용차인 경우 : 운전석 옆 좌석이 상석
- 승합차, 지프의 경우 : 운전석 옆 좌석이 상석
- 치마를 입은 여성의 경우는 가급적 안쪽으로 들어가게 하거나 뒤쪽 가운데 자리는 앉지 않도록 배려해 준다.

좁은 공간에서의 배려와 아름다운 마음씨

출근 시간과 점심시간에는 많은 사람들이 엘리베이터를 동시에 이용하게 된다. 이때 자신이 바쁘다는 이유 하나만으로 무례하게 새치기하거나 심하게 앞 사람을 밀고 들어가는 경우가 있다. 외부 고객이 이런 모습을 보게 된다면 회사 이미지 또한 좋을 리 없다.

엘리베이터 안은 워낙 좁은 공간이라 작은 목소리로 나누는 대화도 타인에게 다 들리게 된다. 급하고 중요한 얘기일지라도 많은 사람들이 있는 엘리베이터 안에서는 하지 말아야 하며 내릴 때까지 기다렸다가 다시 얘기를 시작하면 된다. 엘리베이터 안에서 굳이 회사 동료나 상사에 관한 험담, 개인의 용모나 복장, 얼굴 생김새에 관한 얘기 등도 스스럼없이 말하는 직원들을 볼 수 있는데 이는 자신의 인격을 깎아 먹는 행동이다. 결코 자신에게 이로울 게 없다. 심지어 심각한 업무 내용이나 지시 사항을 얘기하는 직원들이 있는데 혹시 스파이가 탑승을 하고 있는 모르니 각별히 주의하자.

엘리베이터에서의 1분 남짓한 시간을 가볍게 생각하는 사람들이 많을 것이다. 그러나 이 짧은 순간 엘리베이터에서 나누는 가벼운 인사와 예의는 타인에게 깊은 인상을 남긴다. 평상시 좋아하던 사람, 존경하는 상사와 단

둘이 탔을 경우에도 어떤 인상을 줄 수 있느냐는 여러분에게 상상하지 못하는 좋은 기회가 될 수도 있다. 그런데 이 기회를 활용하지 못하고 입을 꽉 다물고 바닥만 바라본다면 좋은 인상을 줄 수 없으며, 또한 상대방을 생각한답시고 평상시 존경하는 상사에게 "기분이 안 좋아 보이시네요. 사장님께 혼나시는 모습을 봤는데 제 마음이 너무 아팠습니다."라고 얘기한다면 자신의 호의와는 반대로 사람을 두 번 죽이는 말이 되어버린다. 이런 말로 분위기를 썰렁하게 만들기보다 상사와 탑승 시에는 센스 있게 미리 상사가 가고자 하는 층의 버튼을 신속하게 눌러주거나 "오늘 넥타이가 아주 잘 어울리시네요", "○○로부터 훌륭한 분이라고 들었습니다", "지난번 기획하신 프로젝트 정말 대단하시더군요", "얼굴색이 더 좋아 보이는데 요즘 운동하십니까?", "주말 잘 보내셨습니까?", "출장은 잘 다녀오셨어요?" 등 예의 바른 자세로 대화를 나눌 수 있어야 한다. 그런 모습이 여러분에게 더 좋은 기회를 가져다줄 것이고 결과는 훨씬 좋을 것이다.

엘리베이터에서 지켜야 할 에티켓

❶ 큰 소리로 떠들지 않는다.
❷ 업무상 얘기는 삼간다.
❸ 음식물을 가지고 타지 않는다.
❹ 문 쪽에 기대지 않는다.
❺ 문이 닫힐 때 무리하게 타지 말고 다음 엘리베이터를 타도록 한다.
❻ 내리기 전에 미리 나가서 준비한다.
❼ 휴대 전화 통화를 하지 않는다.
❽ 내릴 층 버튼만 누른다.
❾ 큰 소리로 웃지 않고 필히 얘기를 해야 한다면 작은 소리로 말한다.
❿ 일행이 올 때까지 문을 열고 기다리지 않는다.
⓫ 사람이 많으면 다음 엘리베이터를 기다려야 한다.
⓬ 타인의 험담을 하지 않는다.
⓭ 다른 사람을 위아래로 훑어보거나 뚫어지게 보지 않는다.
⓮ 뒤돌아 서 있지 않는다.
⓯ 너무 밀착하면 상대방에게 불쾌감을 주므로 거리를 유지한다.
⓰ 문 닫히기 전, 밖에서 버튼 조작을 하지 않고 문이 완전히 닫히고 운행되는 것을 확인한 후에 버튼을 누른다.
⓱ 음악을 듣더라도 이어폰을 통해 소리가 새어나오지 않도록 한다.
⓲ 서류 등을 뒤적거리지 않는다.
⓳ 새치기를 절대 하지 않는다.

직장인으로서의 마인드 체크리스트

다음 항목에 대해 자신의 점수를 매긴 후 합계를 구해 보세요.

매우 그렇다 : 10점 / 보통이다 : 5점 / 그렇지 않다 : 0점

	Total

		0점	5점	10점
1	부드럽고 밝은 표정으로 고객을 적극적으로 맞이하는가?			
2	고객을 보면 모른 체하지 않고 능동적으로 안내하고 원활하게 업무 처리를 할 수 있도록 도움을 주는가?			
3	고객을 외모나 선입견으로 차별하지 않고 공평하게 대하고 있는가?			
4	차를 탑승할 때 승차 예절을 잘 알고 있으며 실천하고 있는가?			
5	엘리베이터를 탑승할 때 예절을 잘 알고 있으며 실천하고 있는가?			
6	고객이 기다리는 경우 상석으로 안내하여 접대하는가?			
7	방향 지시를 할 경우 정확한 손동작으로 상대방이 알아듣기 쉽도록 설명할 수 있는가?			
8	남의 사무실을 방문했을 경우 기다리는 예절에 신경 쓰고 있는가?			
9	엘리베이터에서의 매너와 대화에 유의하여 행동하는가?			
10	회사 밖에서도 자신의 모습이 회사 이미지임을 늘 기억하고 행동하는가?			

여러분이 남의 사무실을 방문했을 때 따뜻하게 자신을 대접해 주는 직원을 만나면 좋은 감정이 생기는 것처럼 여러분의 회사를 방문한 고객에게도 따뜻하게 맞아주어야 한다. '대접받고 싶은 대로 남을 대접하라.'라는 말처럼 그렇게 성의 있게 행동해야 한다. 접대 시에는 정성을 다하여 고객을 대접해야 하며, 방문 시에는 자신이 회사의 대표임을 기억하고 고객에게 좋은 인상을 주려고 노력해야 한다. 회사 공간이 아닌 곳에서라도 여러분을 만나는 상대방은 개인만이 아닌 여러분의 회사를 만나고 있는 것이다.

100~90점 당신은 주변으로부터 호감과 좋은 평판을 받고 있다

사람을 만났을 때 어떻게 응대를 해야 하는지 잘 알고 있으며 언제나 누구에게나 친절한 모습을 보임으로써 좋은 인상으로 기억되는 사람이다. 이처럼 친절한 매너를 익히면 본인에게 무척 이롭다. 매너는 단지 타인에게 잘 보이려고 하는 것이 아니라 나의 성장에 필수 불가결한 요소임을 기억하고 지금의 좋은 매너를 유지하도록 노력해야 한다.

89~70점 예의 바르고 친절하고 정중한 편이나 상황별 고객 응대 에티켓에 대한 세심한 주의가 필요하다

예를 들어 혼자 엘리베이터를 탔을 때 바른 자세로 서 있기, 고객보다 먼저 도착하여 대기 자세 갖추기 등이다. 요즘은 CCTV가 많이 설치되어 있어서 타인에게 언제나 자신의 모습이 노출되어 있다고 해도 과언이 아니다. 그런 감시 상황 때문에 어쩔 수 없이 바른 자세를 취해야 한다는 생각보다는 혼자 기다리고 있는 공간에서도 바른 자세를 유지하는 것이 진정한 프로 직장인의 매너임을 기억하라.

70점 미만 누군가 당신의 매너와 자세로 인해 불쾌감을 가지고 있을 것이다

외부인이 당신의 사무실을 방문했을 때 소극적으로 응대한다면 개인뿐만 아니라 회사에 대한 신뢰도 또한 떨어진다. 고객은 제일 먼저 맞이한 직원에게서 강한 인상을 받게 된다. 자신의 불친절한 행동으로 인해 회사의 인상까지 나빠질 수 있다는 사실에 주의해야 한다. 평상시 타인에게 자신의 좋은 이미지를 주기 위해 정성을 기울여야 하며 그러기 위해서는 먼저 적극적으로 고객을 맞이하고 안내하기, 잘 모르는 외부 고객일수록 관심을 갖고 대하기, 엘리베이터에서도 좋은 매너 갖추기, 상대방의 질문에 적극적으로 도움 주기 등에 힘써야 한다.

행복한
인생 만들기

Happiness

13

행복은 마음속에 있다

여러분은 지금 행복한가? 가장 많은 시간을 보내는 직장에서의 생활은 행복한가? 아직까지도 행복한 사람은 따로 있다고 생각하는 경우가 많다. 그러나 행복은 저절로 굴러오는 것이 아니고, 태어날 때부터 행복한 사람이 점지되는 것도 아니다. 행복은 자신이 행복을 학습하고 행복하고자 노력할 때 찾아오는 것이다. 다시 말하면 행복은 외부에 있는 환경이나 사물에 의해서 좌우되는 것이 아니라 오히려 우리의 마음이 이것들을 어떻게 받아들이고 해석하는가에 달려 있다. 그렇다면 행복은 어디에 있을까?

행복은 어디에 있을까?

신들의 나라에서 회의가 열렸다. 안건은 행복이라는 것을 인간들이 찾지 못하는 곳에 꽁꽁 숨겨두자는 것! 한 지혜로운 신이 땅속 깊숙한 곳에 행복을 숨기자고 했다. 그러자 다른 신들은 반대를 했다. 만약 땅속 깊숙한 곳에 행복을 숨기면 인간들이 땅을 파서 행복을 끄집어낼 것이기 때문이라고 했다. 그러자 다른 신이 바다 깊숙한 곳에 행복을 숨기자고 했다. 그러자 이번에도 또 다른 신들은 반대를 했다. 이유는 인간들이 산소통을 지고 바다에 들어가 행복을 찾아낼 것이기 때문이다. 고심을 하던 신들은 산꼭대기에 행복을 숨기기로 했다. 그러나 이것 역시 인간들이 산을 정복해 행복을 발견할 것이라는 우려 때문에 무산되고 말았다. 산, 바다, 땅속 깊숙한 곳까지 모두 생각했지만 인간의 눈을 피할 수 있는 곳은 없을 것 같았다.

이에 낙심하고 있던 신들은 대표 신의 한마디를 듣고는 모두 고개를 끄덕였다. 그것은 바로 '행복을 인간의 마음에 숨기자.'라는 제안이었다. 이 말을 들은 신들은 모두 "맞아, 맞아. 인간은 어리석기 때문에 자신의 마음에서 행복을 찾으려 하지는 않을 것이야."라며 맞장구를 쳤다.

행복해지고 싶다면 여러분의 마음을 들여다보아야 한다. 자기 마음을 보려고 노력하지 않는다면 행복해질 수 없다. 즉 자기 마음을 알지 못하면 불행하다.

보다 행복한 직장 생활을 하려면 자기 마음을 수시로 들여다보며 부단한 자기 훈련을 해야 한다. 직장 생활을 하다 보면 시간에 쫓겨서 자신의 시간을 제대로 가질 수 없다고 푸념하는 직장인들이 많다. 그러나 시간은 멈추지 않고 계속 흘러간다. 나이가 들어갈수록 우리 인생의 나머지 시간은 줄어든다. 그러나 슬퍼하지는 말자. 그만큼 시간의 가치와 중요성을 점차 알게 되지 않았는가? 시간이 없어서 할 수 없다는 생각보다는 긍정적 사고를 가지고 즐거운 마음으로 새로운 것을 자꾸 습득하는 생활 태도를 가져야 한다. 모르는 것은 인정하고 배우며 긍정적 사고로 사람을 대할 때 스스로 발전하며 좋은 기회가 저절로 생기게 되는 것이다. 행복한 직장 생활을 하기 위한 마음가짐으로 '모르는 것은 인정하라'와 '긍정적으로 사고하라' 두 가지를 제시한다.

랄프 트라인Ralph Waldo Trine의 저서 〈행복은 마음속에 있다〉에는 긍정적인 눈으로 행복한 세상을 살아가야 한다는 좋은 글이 있다.

> 세상을 밝게 보는 사람도 있고
> 세상을 어둡게 보는 사람도 있다.
> 각자의 관점에서 보면 둘 다 옳다.
> 그러나 세상을 보는 관점에 따라
> 즐거운 삶과 고통에 찬 삶,
> 성공하는 인생과 실패의 인생이 결정된다.
> 따라서 행복은 자기 안에서 찾아야 하는 것이다.

나의 멘토를 찾고, 나 역시 누군가의 멘토가 되자

공은 가장 밑바닥에 떨어질 때 튀어 오른다. 지금보다 더 높이 튀어 오르기 위해 밑바닥에서부터 위쪽으로 차근차근 오르고 실천하는 게 무엇보다 중요하다. 늘 열심히 배우고 노력하는 자세로 생활하다 보면 어느새 변화되고 발전된 자신을 발견하게 될 것이다.

배움은 망설이지 말고 일찍 시작하는 것이 좋다. 결정하지 못하고 주저하는 시간이 무엇인가에 몰입하는 시간보다 더 많은 것은 아닌지 체크해 보자. 헛되이 시간을 보내기보다 지금 배움에 대한 열정을 끊임없이 갖도록 노력해야 우리는 행복해질 수 있다. 만약 지금 자기 계발을 하지 않는다면 지금 현재 편안함이 미래의 고생으로 이어질 것이다. 지금 노력하지 않는 사람들에게 미래의 세상은 고통이다.

필자가 알고 지내는 외국인 회사에 근무하는 한 임원은 영어를 능숙하게 구사함에도 불구하고 그것도 모자라 중국어를 배우기 시작했다. 아침 일찍 학원에 나가서 새벽반 중국어 강좌를 듣고 출퇴근하는 차 안에서 중국어 CD를 들었다고 한다. 열정적으로 꾸준히 중국어를 학습하여 지금은 기초적인 중국어를 무난하게 구사하게 되었다. 그 결과 외국 본사에서도 더욱 인정을 받고 있음은 물론이고 적지 않은 나이에도 늘 꾸준히 자기 계발을 함으로써 주변 사람들에게 신선한 충격과 자극을 주고 부러움을 사고 있다.

배움과 자기 계발이 중요하다는 사회 분위기에 맞물려 직장 생활에서도 동료들끼리 도움을 주고받는 분위기가 조성되고 있다. 이런 흐름에 맞춰 직장에서의 멘토링도 변화하고 있다. 상사나 선배가 후배를 가르치고 도와주는 기존의 멘토링과 더불어 누구나 멘토가 될 수 있는 쌍방향 멘토링(Two-way Mentoring), 역멘토링(Reverse Mentoring) 등 자기 계발을 위한 멘토링이 기업 문화가 되고 있다. CEO가 평사원에게 가르침을 받고, 상사가 부하 직원에게 자문을 구하는 역멘토링이 자연스러워졌다. 외국인 대표가 취임한 한 기업에서는 아침마다 임원들이 신입 직원에게서 영어를 배운다고 했다. 대기업의 CEO 양성에 활용을 하면서 멘토링을 유명하게 만든 GE의 잭 웰치Jack welch 회장도 평사원에게서 인터넷을 배웠다고 한다.

이제는 부하 직원도 상사의 성공 조언자이자 멘토가 된다. 자기보다 아랫사람에게 도움을 청하거나 배우는 것이 자존심 상하는 일로 생각되던 시대는 지났다. 쌍방향 멘토링은 개인의 성장뿐만 아니라 기업 내 원만한 커뮤니케이션과 유대감 형성에도 많은 도움을 주어 세대 간의 격차를 줄일 수 있고 인간적인 직장 분위기를 만들어 나가는 역할을 한다.

멘토링의 유래

옛날 트로이 전쟁 때 오디세우스가 자기 친구에게 자신의 어린 아들을 보살펴 달라고 부탁했다. 오디세우스 아들을 맡은 친구는 자기 아들처럼 훌륭하고 자상하게 키워주었다. 때로는 엄격한 스승이 되고, 때로는 아버지가 되고, 때로는 조언자가 되어 어린 아들이 성장하는 데 정신적 지주가 되어주었다. 10년 후에 오디세우스 왕이 전쟁을 마치고 돌아와 보니 친구가 아들을 너무나 훌륭하게 잘 키워주었다. 왕은 자신의 아들이 멋지게 성장하도록 도와준 친구를 멘토르Mentor라고 불렀고 그 이후 멘토르의 이름은 '현명하고 책임감 있는 보호자'라는 의미를 갖게 되었다.

멘토링의 의미는 경험이 많은 멘토mentor(윗사람)가 경험이 적은 멘티mentee(아랫사람)로 하여금 잠재력 능력을 최대한 발휘할 수 있도록 1대1의 지속적인 관계 속에서 스승, 모범 인물, 안내자, 조언자, 상담자, 친구 등 다양한 역할을 수행하는 것을 뜻한다.
멘토링 관계는 멘토가 멘티를 상호 관심, 상호 신뢰, 상호 존경을 바탕으로 지식이나 기술을 가르치는 역할을 뛰어넘어 멘티의 전반적인 자아 실현에 주된 관심을 둔다는 점에서 다른 관계와 차별화된다.

모르는 것을 인정하고 끊임없이 배워라

아시아인 최초로 세계적 명차 BMW 독일 본사 임원까지 오른 김효준 BMW코리아 사장은 고교 졸업 후 30년 만에 한양대학교에서 '지식 이전의 흡수 능력과 동기 부여에 관한 연구'란 주제의 논문으로 경영학 박사학위를 받았다. 발로 뛰는 최고 경영자로 고객을 많이 만난다고 하여 붙여진 '김고객'의 별명을 가진 김 사장은 "박사학위를 준비하는 동안 단 하루도 4시간 이상 자본 적이 없다. 내가 왜 이런 고생을 사서 하나 후회한 적도 있었지만 새로운 세계에 대해 끊임없이 더 알고 싶어 도전하게 됐다."라고 말했다. 일과 학업에 지칠 만한데 그의 표정은 언제나 에너지로 넘쳐나고 정돈된 인상에서 삶의 열정이 느껴진다. 그는 현재 수입 자동차 업계에서는 입지전적 인물로 통한다.

현재는 미국의 400대 갑부이며, 11명의 노벨상 수상자를 배출한 루슨트 테크놀로지스 벨 연구소. 이 연구소에 우리나라의 김종훈 소장이 있다. 그는 성공하기 위해서는 공부해야 한다며 끊임없이 배움을 강조한다. 김종훈 소장은 고1 때부터 편의점에서 아르바이트를 하며 고학을 했는데, 밤 11시부터 다음 날 아침 7시까지 일을 한 뒤 바로 학교로 등교했다고 한다. 그는 이렇게 힘든 여건 속에서도 "성공하려면 공부를 해야 한다."라고 스스로를 다짐시켰다. 그는 "일주일에 40시간 이상 일하고, 매일 2시간 정도 자면서 밤에 공부했다."라면서도 그때의 상황이 힘들었다고 말하지 않는다. 오히려 어려운 여건 속에서도 끊임없이 노력하면 끝내 승리를 거둘 수 있다고 했다.

이들 두 인물을 통해 배움에 대한 끊임없는 열정과 노력은 어려운 상황을 바꿀 수 있는 원천이라는 교훈을 얻을 수 있다. 사실 모르는 것을 인정하고 도움을 요청하기란 쉽지 않다. 지금 모르는 사실을 알아보고 넘어가지 않으면 언젠가 똑같은 상황이 왔을 때 더욱 불안해질 것이고 남들은 다 아는데 나는 왜 이렇게 매번 아는 척해야 하며 모르는 사실을 들키지 않을까 하는 마음에서 당당하지도 못함에 대한 후회가 생길 것이다.

배우기 위해선 우선 모른다는 사실을 인정해야 하며 도움을 요청하는 용기가 필요하다. 대화 중에 이해가 안 되는 부분이 있다면 그 말이 무슨 뜻인지를 정중하게 물어보면 되는 것이다. 망설이다가 시기를 놓치면 모르는 것을 알 수 있는 기회는 다시 오지 않을지도 모른다. 오히려 모르는 것을 인정하고 도움을 요청하면 겸손한 사람으로 보일 수 있고 인간적으로 다가오는 측면도 있다.

〈달과 6펜스〉의 작가 윌리엄 서머셋 몸 William Somerset Maugham은 "인생을 거의 다 살고 난 다음에야 '몰라요'라고 말하는 것이 얼마나 쉬운지 알게 되었다."라고 말했다. 묻는 것은 한순간의 창피로 그치지만 묻지 않는 것은 평생 창피가 된다. 무언가를 배우고자 하는 절실한 욕망이 느껴질 때, 바로 그때가 자신이 성장할 수 있는 기회라는 것을 기억해야 한다.

인간관계를 긍정적으로 수용하라

학자들은 좋은 관계를 맺는 기술을 의미하는 RT(Relation Technology), 즉 인간관계를 잘 관리하면 행복해질 수 있다고 한다. SBS 방송사가 실시한 '행복'에 대한 조사에 따르면 행복한 마음은 행복한 관계에서 비롯한다고 한다. 물질 속에서는 진정한 행복을 누릴 수 없고 사람들 속에서 진정 행복을 느낄 수 있다는 것이다. 물론 명예와 물질적인 측면이 중요하지 않다는 것은 아니다. 하지만 진정으로 행복한 사람들의 특징은 가족이나 믿을 만한 친한 친구, 동료와 많은 시간을 보내는 사람이다. 따라서 직장 내 인간관계가 좋으면 다른 사람들이 자신과 일을 함께 하는 것을 좋아하므로 편안한 직장 생활에 도움이 되고 마음이 행복해진다.

인간관계에 있어서 중요한 것은 먼저 자기 자신을 긍정하는 것이다. 자기가 자신을 긍정적으로 생각하지 못한다면 타인을 긍정적으로 바라보지 못하는 것처럼 자기가 행복하지 못하면 타인도 행복하게 만들어줄 수 없다. 자기 자신이 행복하다고 느껴야 세상을 행복한 것이 된다.

가슴속에 사랑하는 이가 들어 있다면
세상은 사랑이 되고
가슴속에 미워하는 이가 들어 있다면
세상은 미움이 되고
가슴속에 희망이 들어 있다면
세상은 희망이 된다.

여러분 마음속에는 무엇이 들어 있는가? 같은 상황에서 사람을 부정적으로 해석하느냐 긍정적으로 받아들이냐에 따라 인간관계는 달라지고 그로 인해 내게 미치는 행복은 직접적이다. 고객과의 관계도 내가 어쩔 수 없이 만나야 하는 사람들이라고 생각하기보다는 어차피 만나야 하는 사람들이므로 좋은 관계를 유지하려는 노력이 절실히 요구된다. 만나는 사람마다 내 마음에 들 수는 없다. 그러나 매사에 부정적으로 사람이나 사물을 받아들이다 보면 어느새 나의 태도에서 잘못된 동작이 습관으로 형성되어 인간관계 유지에 악영향을 끼치게 된다. 사람만큼 귀한 재산이 없다는 긍정적 생각으로 사람에 대한 사고를 긍정적으로 바꾼다면 마음이 훨씬 행복해진다.

긍정적으로 생각하면 마음이 훨씬 즐거워지고 내 자신이 편안해진다. 내가 생각을 바꾸면 타인을 사랑하는 길은 더욱 빨라지는 것이다. 내가 어떤 사고로 상대방을 대하느냐에 따라 일하는 자세가 달라지고 자신의 직업에 대한 자부심을 갖게 된다.

필자는 경찰청의 고객 혁신 자문위원으로 활동하고 있다. 얼마 전 발간된 〈경찰청 감동 치안 콘서트〉에 실린 내용 중 하나를 소개하겠다. 자신의 일을 사랑하며 민원인을 고객으로 보고 서비스를 실천하는 경찰관의 감동 이야기이다.

저는 대구에서 대리운전업을 하고 있는 사람입니다. 여러 사업을 하다가 거덜이 나고 친구의 권유로 이 일을 시작한 지 이제 한 달째. 아무것도 모르고 요령도 모르고 그냥 닥치는 대로 일을 하는 중 어제 저녁 올해 들어 제일 춥다는 날이었습니다.

대구 달서구의 모 노래방에서 콜이 왔기에 가보니 술 취한 분들이 밖에서 기다리시더군요. 일행은 그중 한 명을 다짜고짜 차에 태우더니 제게 돈을 5만원 주면서 "이 분은 가야까지 태워다 주라."라고 말한 뒤 가버렸습니다. 그래서 저는 요금도 모르는 상태에서 돈을 주는 대로 받고 그분을 가야까지 모시고 갔습니다.

그런데 해인사 I.C에서 내려 그분이 원하는 곳까지 가는데 갑자기 후회가 밀려왔습니다. 본사에 전화를 하니까 요금도 적게 받았을 뿐 아니라 가야까지는 데리러 갈 사람도 없으니 혼자 알아서 대구로 와야 한다는 것이었습니다. 하지만 이미 벌어진 일이라 어쩔 수 없이 저는 손님을 댁까지 모셔다드리고 차를 안전하게 주차해 놓은 뒤 무작정 왔던 길로 뛰었습니다. 일단 뛰면 추위라도 물리칠까 싶기도 하고 허허벌판에서 불어오는 바람도 피할까 싶어서였습니다. 얼마나 달렸을까. 숨이 가빠질 무렵 저 멀리 경찰지구대 불빛이 보이는 것이었습니다. 그래서 그곳을 찾아가 사정을 이야기하니까 당직을 하고 있던 지구대원은 "아이고, 여기까지 어떻게 오셨습니까? 이 추운데." 하면서 커피 한 잔을 권하시더라고요. 그래서 커피를 마시며 이런저런 이야기를 나누면서도 혹시나 지나가는 차가 있나 싶어 창밖을 살피고 있었습니다. 그 지구대원도 자신의 일처럼 제가 대구까지 돌아갈 일에 대해 걱정을 하시더니 무전기를 들고 순찰차에 무슨 연락을 하는 것 같았습니다. 조금 있으니 순찰차와 함께 경찰 한 분과 의경 한 분이 들어오셨습니다.

제 사정을 이야기를 듣고는 "해인사 I.C까지 가서 대구로 가는 차량이 있으면 제가 부탁을 해볼게요. 요즘 세상에 모르는 사람은 잘 안 태워주지만, 경찰관이 사정을 이야기하면 나을 테니 함께 가봅시다."라고 하시더라고요. 그래서 해인사 I.C까지 와서 기다리는데 40여 분을 기다렸는데 정말 차가 한 대도 오지를 않는 것이었습니다. 추위에 떨고 있는 저를 본 순경 분은 순찰차에 시동을 걸더니 "추우신데 차 안에 계세요. 제가 기다려 보겠습니다."라고 말씀하셨습니다.

제가 추우면 그분도 춥겠지요. 그런데도 처음부터 끝까지 얼굴에 웃음을 띠면서 저에게 부담을 주지 않으려고 했습니다. 조금 있으니 차량이 한 대 오는데 차 안에는 두 모녀가 타고 있었습니다. 그 경찰 분이 다가가서 저의 상황을 이야기하고 부탁을 하니 그 모녀가 승낙을 하여 저는 대구까지 올 수가 있었습니다. 만약에 제가 혼자서 차량을 기다리다가 손을 흔들고 동승을 부탁하면 그 두 모녀가 태워 주었을까요?

정말 이번 일로 인해 저는 180도 바뀐 경찰관상을 보게 되었습니다. 무사히 대구에 돌아온 저는 전화로라도 감사 인사를 드리기 위해 그 지구대에 전화를 걸었습니다. 처음에는 몰라서 해인사 지구대(분소)를 찾았는데 가야 분소라고 하더라고요. 그래서 그분을 찾아서 감사의 말씀을 드리나 도리어 제 걱정을 하시더라고요. 한 번 더 감명을 받았습니다.

저는 정말 이런 분들이야말로 신문지상에 나는 그런 큰 공로를 세우지는 않았지만 묵묵히 세상에 알려지지 않는 선행을 베푸는 진정한 민중의 지팡이가 아닐까 하는 생각을 합니다. 그리고 저도 제가 받은 이 온정을 갚고자 노력을 할 것입니다.

다시 한 번 감사의 말씀을 드립니다.

김○○

행복한 인생 체크리스트

다음 항목에 대해 자신의 점수를 매긴 후 합계를 구해 보세요.
매우 그렇다 : 10점 / 보통이다 : 5점 / 그렇지 않다 : 0점

Total

		0점	5점	10점
1	행복도 학습하고 훈련해야 가질 수 있다고 생각하는가?			
2	가족이나 친구, 동료들과 지내는 시간이 즐겁고 행복한가?			
3	상대방이 도움을 요청한다면 기꺼이 도와주는가?			
4	자기 자신을 위해 끊임없이 노력하고 계발하는가?			
5	모르는 것은 후배나 부하 직원에게도 배우려고 하는가?			
6	원만한 인간관계가 행복과 직접적인 연관이 있다고 생각하며 평상시 인간관계에 노력을 기울이는가?			
7	자신도 남을 위한 멘토와 멘티가 될 의사가 있는가?			
8	자신이 모르는 사항은 상대방에게 인정하고 솔직하게 물어볼 수 있는가?			
9	주변 사람들이 자신의 행복한 인생과 발전에 있어 도움을 주는 고마운 사람이라고 생각하는가?			
10	어떤 상황에서도 긍정적으로 해석하려고 노력하는가?			

행복은 타고나는 것이 아니라 자신 스스로 노력하고 학습할 때 행복해지는 것이다. 노력하는 사람만이 행복을 느낄 수 있다. 행복을 찾아서 떠난다고 하지 마라. 먼 곳에 있는 것이 아니라 가장 가까운 곳에 있다. 행복은 나의 마음속에 있기 때문이다. 그래서 행복은 손에 잡히지 않고 마음으로 느낄 수 있는 것인지도 모른다. 여러분은 행복에 대한 어떤 생각을 가지고 있는가?

100~90점 늘 온화하고 행복한 사람이다

주변 사람들이 나의 행복과 얼마나 많은 연관이 되어 있는지를 잘 알고 있으며 타인에게 결코 인색하지 않은 모습이다. 다른 사람들이 내 인생을 풍요롭고 행복하게 만들어준다는 사실을 잘 알고 있기 때문에 주변 사람들에게 감사할 줄 알며 때로는 인간적으로 도움을 청하기도 하고 기꺼이 도움을 받기도 한다. 끊임없는 자기 계발에 힘을 쓰는 당신의 노력은 성공과 행복을 가져다줄 것이다.

89~70점 지금 당신은 충분히 행복하지만 2% 부족한 점을 찾아야 한다

지금의 행복이 얼마나 오래 갈 수 있을까? 물질로만 지속적으로 행복을 영위할 수 없다. 진정한 행복은 심리적으로 편안하고 행복한 대인 관계에서 비롯된다. 행복은 자신만을 위한 것이 아니므로 다른 사람에 대한 봉사와 노력을 통해 얻어진다는 중요한 사실을 기억하고 원만한 대인 관계와 자기 계발에도 세심한 정성을 기울여야 한다. 진정한 행복은 꾸준한 자기 노력을 통해 행복한 대인 관계에서 비롯된다는 것을 기억하고 주변을 둘러보라.

70점 미만 진정한 행복을 모르면서 스스로 불행하다고 느끼고 있다

당신은 행복이 저절로 굴러오는 것이라고 생각하고 있지는 않은가? 행복한 사람은 따로 정해져 있다고 생각하는 것은 아닌가? 만약 그렇게 생각한다면 당신이 더 비참해지고 우울해질 것이며, 당신의 그런 모습은 결코 다른 사람들에게 호감 있는 모습으로 다가가지 못할 것이다. 바로 이런 마음과 자세로 인해 대인 관계에도 부정적 영향을 끼치게 되는 것이다. 행복은 원만한 대인 관계 속에서 나온다. 행복해지려면 내가 먼저 행복한 사고와 실천이 필수이다. 지금 당신에게 필요한 마음가짐은 '나는 행복한 사람이라고 생각하기', '나도 행복해질 권리가 있다고 생각하기', '행복도 학습하고 훈련해야 한다고 생각하기', '이상의 생각을 실천하기' 등이다.

실천이
힘이다

Practice

14

목표는 삶을 비쳐주는 등대이다

영국의 철학자 프랜시스 베이컨 Francis Bacon은 "아는 것이 힘이다."라고 말했다. 조금 더 보충을 하자면 아는 것을 실천해야 진정한 힘이 생긴다. 그저 들어만 본 것, 들었던 것을 기억하는 정도가 과연 자신의 진정한 지식이라고 할 수 있을까? 알고 있다면 그것을 실천하는 것이 진정한 지식이다.

처음에는 실천을 하려면 다소 생소하고 번거로울 것이다. 새롭게 습관을 형성한다는 것이 어디 생각처럼 쉽겠는가? 실천이란 학습하고 의식적으로 노력하면서 완성되는 습관이다. 학습하고 노력을 기울이지 않으면 습관이 될 수 없다. "나중에 배우면 되지, 뭐. 필요할 때 그때부터 하면 되는데 지금부터 귀찮게 왜 하나?"라고 게으름과 적당히 타협을 한다면 실천하기는 점점 더 어렵게 되고 자신이 꿈꾸는 목표에 도달할 수 없을 것이다. 처음에는 힘이 들더라도 실천은 지금 당장 해야 한다.

'내 삶의 목표가 무엇인가? 무엇 때문에 지금 이 일을 하고 있는가?' 살다 보면 문득 이런 생각이 들 때가 있다. 여러분은 자신이 무엇 때문에 살고 있으며 현재의 내 모습은 어떠하며 앞으로 10년 후, 20년 후 나의 삶은 어떻게 되어 있을까에 대한 고민과 인생 계획을 재정비해야 한다. 섣불리 새로운 도전과 일을 시작하다가 실패라도 해버리면 지금보다 더 나빠질 수 있다는 생각이 당신의 발목을 잡고 있는 것은 아닐까? 한 번도 실패를 해보지 않았다는 것은 자랑이 아니다. NBA 최우수선수였던 미국의 농구선수 마이클 조던Michael J. Jordan은 "실패는 받아들일 수 있지만 도전하지 않는 것은 받아들일 수 없다."라고 했다. 직접적인 실패의 경험이 좋은 교훈을 주며 도전과 성공의 기회를 열어준다는 사실을 기억해야 한다.

어떤 사람은 "대충 살다가 가는 게 인생이 아니던가?"라고 말한다. 언뜻 들으면 멋있게 들릴지 모르나 이런 사고방식으로 적당히 타협을 하며 살아가는 사람치고 인생에서 제대로 성공하는 사람을 보지 못했다.

짐 콜린스Jim Collins는 자신의 저서 〈GOOD TO GREAT〉에서 "그저 좋은 정도, 이 정도로 아는 것, 이 정도 살아가는 것, 대충 좋은 것은 위대함의 적이다."라고 말했다. 이러한 생각을 하는 순간부터 경쟁력을 잃게 된다는 것을 의미한다. 당장에 원하는 결과가 나오지 않는다고 해서 그 사이 조급해져 내 꿈을 적당히 낮추고 결국 포기해 버리는 사람들이 많다.

윌리엄 A. 워드William A. Ward는 "성공의 비결은 남들이 잘 때 공부하고, 남들이 빈둥거릴 때 일하며, 남들이 놀 때 준비하고, 남들이 그저 바라기만 할 때 꿈을 갖는 것이다."라고 했다. 다시 말하면 성공하는 사람들은 보통 사람들과 달리 귀찮은 일도 참고 견뎠으며 멈추고 싶을 때에도 자신의 꿈을 위해서라면 구체적인 목표를 세우고 끊임없이 실전을 한다. 그런데 주변을 둘러보면 목표를 실천하는 사람들은 소수이고 그래서 실천하는 그 소수인 사람만이 성공을 하는 것이다.

끝까지 자신의 상황에 불평하거나 안주하지 않고 좌절을 딛고 일어선 인물이 있다. 나는 교육을 할 때마다 교육생들에게 미국인들이 가장 존경한다는 이 사람에 대한 얘기를 종종 들려주곤 한다.

　미국 역대 대통령 중에서 가장 존경받는 대통령인 링컨Abraham Lincoln은 수많은 좌절 앞에서도 결코 무릎을 꿇지 않았다. 링컨 대통령도 일을 추진하는 도중에 실패를 경험하게 되면 주저앉고 싶었겠지만 실패를 맛볼 때마다 그는 자기 자신에게 이렇게 말했다.

　"내가 걷는 길은 험하고 미끄러웠다. 그래서 나는 자꾸만 미끄러져 길바닥 위에 넘어지곤 했다. 그러나 나는 곧 기운을 차리고 내 자신에게 이렇게 말했다. '괜찮아, 길이 약간 미끄럽긴 해도 낭떠러지는 아니야.'라고."

　그가 걸어온 길은 수많은 난관의 길이었고 실패와 좌절의 연속이었지만 실패는 살면서 누구나 접할 수 있는 것이라고 긍정적으로 수용하고 목표가 있었기에 바로 훌훌 털고 일어설 수 있었다. 다음은 링컨 대통령이 걸어온 인생 행로이다.

- 1831년 22세 사업에 실패
- 1832년 23세 주의원 선거 낙선
- 1833년 24세 또 사업에 실패
- 1834년 25세 주의원 당선
- 1835년 26세 약혼녀 사망
- 1836년 27세 신경쇠약으로 정신병원에 입원
- 1837년 28세 변호사 개업
- 1838년 29세 의회 의장 선거 낙선
- 1840년 31세 대통령 선거 낙선
- 1843년 34세 국회의원 선거 낙선

- 1846년 37세 국회의원 당선
- 1848년 39세 국회의원 연임 실패
- 1855년 46세 상원의원 선거 낙선
- 1856년 47세 부통령 선거 낙선
- 1858년 49세 상원의원 선거에 또 낙선
- 1861년 52세 미국 대통령 당선
- 1861~1865년 대통령직 수행

지금까지 여러분의 인생을 돌아볼 때 어떠한가? 이런 방식으로 살아간다면 1년 후, 5년 후, 10년 후 계속적으로 나의 인생은 어떻게 될까? 꿈을 포기하지 말고 당장 목표를 정렬하고 정비하자. 목표 없는 삶은 어디로 가야 할지 모르고 헤매는 배와 같다. 목표가 있다면 가다가 조금 헤매게 되더라도 내 마음속에서는 불을 밝혀주는 등대인 목표가 있기 때문에 등대 불빛을 찾아서 다시 바른 길, 목표를 찾아 떠날 수 있다.

자신의 비전을 구체화하라

세계적인 성공학 강사이자 리더십 전문가 존 맥스웰John C. Maxwell은 자신의 생각이나 아이디어를 글로 써놓는 것, 즉 메모는 매우 중요한 습관이라고 강조한다.

그의 메모는 나중에 리더십의 원리를 체득하고 훌륭한 책이 나오는 데 많은 기여를 했다고 한다. 생각에 머물러 있지 않고 그 생각을 끄집어내어 글로 정리하는 메모는 자신의 것으로 전환시키는 데 결정적 기여를 한다. 맥스웰에 의하면 "우리 중 약 95%의 사람은 자신의 인생 목표를 글로 기록한 적이 없다."고 지적한다. 그러나 "글로 기록한 적이 있는 5%의 사람들 중 95%가 자신의 목표를 성취했다."라고 전했다.

이 얘기는 결국 꿈을 갖되 마음속으로만 꿈꾸지 말고 그 비전을 글로 쓰고 실천해야 꿈에 훨씬 더 빨리 도달할 수 있다는 의미이다.

나의 인생 목표는 무엇인가?

17살의 나이에 '나의 인생 목표'라는 제목 아래 127가지 목표를 쓰고 나이 60살이 지난 지금까지 108가지 목표를 이룬 사람이 있다. 현재까지 이루지 못한 나머지 19가지 목표를 향해 지금도 열심히 뛰고 있는 그는 자신의 인생 비전과 꿈에 대한 강의를 하는 것으로도 유명하다. 그의 이름은 존 고다드John Goddard! 그의 인생 목표 목록을 소개하겠다.

탐험할 장소
1. 이집트의 나일강
2. 남미의 아마존강
3. 아프리카 중부의 콩고강
4. 미국 서부의 콜로라도강
5. 중국 양자강
6. 서아프리카 니제르강
7. 베네주엘라의 오니노코강
8. 니카라과의 리오코코강

원시 문화 답사
9. 중앙아프리카의 콩고
10. 뉴기니섬
11. 브라질
12. 인도네시아 보르네오섬
13. 북아프리카 수단
14. 호주 원주민들의 문화
15. 아프리카 케냐
16. 필리핀
17. 탕가니카(현재의 탄자니아)
18. 에티오피아
19. 서아프리카 나이지리아
20. 알래스카

등반할 산
21. 에베레스트산(8,848m)
22. 아르헨티나의 아곤카과산(안데스산맥 중의 최고봉)
23. 매킨리봉(알래스카에 있는 북미 대륙 최고봉 6,194m)
24. 페루의 후아스카란봉
25. 킬리만자로산(탄자니아에 있는 아프리카 최고봉)
26. 터키의 아라라트산(노아의 방주가 닿은 곳이라고 알려진, 이란과 러시아 국경 부근에 있는 화산)
27. 케냐산(동아프리카에 있는 산)
28. 뉴질랜드의 쿠크산
29. 멕시코의 포포카테페틀산
30. 마터호른산(알프스의 고산)
31. 라이너산
32. 일본의 후지산
33. 베수비오스산(이탈리아 나폴리만 동쪽의 활화산)
34. 자바섬의 브로모산
35. 그랜드테튼산
36. 캘리포니아의 볼디마운틴

배워야 할 것들
37. 의료 활동과 탐험 분야에서 많은 경력을 쌓을 것(원시 부족들 사이에 전해져 오는 다양한 치료 요법과 약품을 배웠음)

38. 나바호족과 호피족 인디언에 대해 배울 것
39. 비행기 조종술
40. 로즈퍼레이드(캘리포니아에서 해마다 5월에 열리는 장미 축제 행렬)에서 말 타기

사진 촬영
41. 브라질 이과수 폭포
42. 로데시아의 빅토리아 폭포
43. 뉴질랜드의 서덜랜드 폭포
44. 미국 서부 요세미티 폭포
45. 나이아가라 폭포
46. 마르코폴로와 알렉산더대왕의 원정길 되짚어 가기

수중 탐험
47. 미국 남부 플로리다의 산호 암초지대
48. 호주의 그레이트배리어 대암초지대(이곳에서 존은 135킬로그램의 대합조개 촬영에 성공했음)
49. 홍해
50. 피지군도
51. 오케페노키 늪지대와 버글레이즈(플로리다주 남부 습지대) 탐험

여행할 장소
53. 북극과 남극
54. 중국 만리장성
55. 파나마 운하와 수에즈 운하
56. 이스터섬(거석 문명의 섬)
57. 바티칸시(이때 존 고다드는 교황을 만났음)
58. 갈라파고스 군도(태평양상의 적도 바로 아래의 화산섬)
59. 인도의 타지마할묘
60. 피사의 사탑
61. 프랑스의 에펠탑
62. 블루그로토
63. 런던탑
64. 호주의 아이어 암벽 등반
65. 멕시코 치첸이차의 성스런 우물
66. 요르단강을 따라 갈릴리해에서 사해로 건너가기

수영해 볼 장소
67. 중미의 니카라과 호수
68. 빅토리아 호수(중부 아프리카에 있는 세계에서 두 번째로 큰 호수)
69. 슈피리어 호수(북미오대호의 하나)
70. 탕카니카 호수(아프리카 중동부)
71. 남미의 티티카카 호수

해낼 일
72. 독수리 스카우트 단원 되기
73. 잠수함 타기
74. 항공모함에서 비행기를 조종해서 이착륙하기
75. 전 세계의 모든 국가를 한 번씩 방문할 것
76. 소형 비행선, 열기구, 글라이더 타기
77. 코끼리, 낙타, 타조, 야생말 타기
78. 4.5킬로그램의 바닷가재와 25센티미터의 전복 채취하기
79. 스킨다이빙으로 12미터 해저로 내려가서 2분 30초 동안 호흡을 참고 있기
80. 1분에 50자 타자하기
81. 플루트와 바이올린 연주
82. 낙하산 타고 뛰어내리기
83. 스키와 수상스키 배우기
84. 복음 전도 사업 참여
85. 탐험가 존 뮤어의 탐험길을 따라 여행할 것
86. 원시 부족의 의약품을 공부해 유용한 것들 가져오기
87. 코끼리, 사자, 코뿔소, 케이프버팔로(남아프리카 들소), 고래를 촬영할 것
88. 검도 배우기
89. 동양의 지압술 배우기
90. 대학교에서 강의하기

91. 해저 세계 탐험하기
92. 타잔 영화에 출연하기(이것은 이제 시대에 뒤떨어진 소년 시절의 꿈이 되었다)
93. 말, 침팬지, 치타, 오셀롯(표범 비슷한 시라소니), 코요테를 키워볼 것(아직 침팬지와 치타가 남았음)
94. 발리섬의 장례 의식 참관
95. 아마추어 햄 무선국의 회원 되기
96. 자기 소유의 천체망원경 세우기
97. 저서 한 권 갖기(나일강 여행에 관한 책을 출판했음)
98. 내셔널 지오그래픽 잡지에 기사 싣기
99. 몸무게 80킬로그램 유지(현재까지 잘 유지하고 있음)
100. 윗몸일으키기 200회, 턱걸이 20회 유지
101. 프랑스어, 스페인어, 그리고 아랍어 배우기
102. 코모도섬에 가서 날아다니는 도마뱀의 생태 연구하기(섬에 접근하다가 20마일 해상에서 보트가 뒤집히는 바람에 실패했음)
103. 높이뛰기 1미터50센티
104. 넓이뛰기 4미터50센티
105. 1마일을 5분에 주파하기
106. 덴마크에 있는 소렌슨 외할아버지의 출생지 방문
107. 영국에 있는 고다드 할아버지의 출생지 방문
108. 선원 자격으로 화물선에 승선할 것
109. 브리태니커 백과사전 전권 읽기(현재까지 각권의 대부분을 읽었음)
110. 성경을 앞장에서 뒷장까지 통독하기
111. 셰익스피어, 플라톤, 아리스토텔레스, 찰스 디킨스, 헨리 데이빗 소로, 에드가 알렌 포, 루소, 베이컨, 헤밍웨이, 마크 트웨인, 버로우즈, 조셉 콘라드, 탈메이지, 톨스토이, 롱펠로우, 존 키이츠, 휘트먼, 에머슨 등의 작품 읽기(각 사람의 전작은 아니더라도)
112. 바흐, 베토벤, 드뷔시, 이베르, 멘델스존, 랄로, 림스키코르사코프, 레스피기, 리스트, 라흐마니노프, 스트라빈스키, 토흐, 차이코프스키, 베르디의 음악 작품들과 친숙해지기
113. 비행기, 오토바이, 트랙터, 윈드서핑, 권총, 엽총, 카누, 현미경, 축구, 농구, 활쏘기, 부메랑 등을 다루는 데 있어서 우수한 실력을 갖출 것
114. 음악 작곡
115. 피아노로 베토벤의 '월광곡' 연주
116. 불 위로 걷는 것 구경하기(발리섬과 남미의 수리남에서 구경했음)
117. 독사에게서 독 빼내기(이 과정에서 사진을 찍다가 등에 마름모 무늬가 있는 뱀에게 물렸음)
118. 영화 스튜디오 구경
119. 폴로 경기하는 법 배우기
120. 22구경 권총으로 성냥불 켜기
121. 쿠푸(기제의 대피라미드를 세운 이집트 제4왕조의 왕)의 피라미드 오르기
122. 탐험가 클럽과 모험가 클럽의 회원으로 가입
123. 걷거나 배를 타고 그랜드 캐년 일주
124. 배를 타고 지구를 일주할 것(현재까지 네 차례의 일주를 마쳤음)
125. 달 여행(신의 뜻이라면 언젠가는!)
126. 결혼해서 아이들을 가질 것(존 고다드는 현재까지 다섯 명의 자녀를 두었음)
127. 21세기에 살아볼 것(그때가 되면 존 고다드는 75세가 될 것이다.)

1972년 'LIFE' 지에 게재되었던 'My Life List', John Goddard

앞에서 소개한 존 고다드는 어렸을 때 '내가 그때 그 일을 했더라면', '그때 했어야 했는데', '내가 젊었을 때 했더라면' 등 지나간 시절에 대해 어른들이 후회하는 소리를 들으면서 내 인생은 후회 없이 살아야겠다는 다짐을 하게 되었고 자신의 드림 리스트Dream List를 작성하게 되었다.

하버드 경영대학원 졸업생들에게 '명확한 장래 목표를 설정하고 기록했는가?' 질문했을 때, 3%만이 자신의 비전을 세워 종이에 기록했고, 13%는 비전은 있었지만 그것을 종이에 기록하지 않았고, 84%는 구체적인 비전이 없었다. 10년 후인 1989년에 그들에게 다시 질문했을 때 비전은 있었지만 기록하지 않았던 13%는 비전이 없었던 84%의 학생들보다 평균 2배의 수익을 올리고 있었고, 명확한 비전과 향후 계획을 기록했던 3%는 나머지 97%보다 평균적으로 10배의 수익을 올리고 있었다.

글로 자신의 비전을 구체적으로 쓰는 실천적인 삶이 바로 성공의 핵심인 것이다.

꿈은 실천을 통해 현실이 된다

꿈을 향한 실천은 언젠가 현실이 된다. 반기문 유엔 사무총장은 초등학교 시절에 외교부장관 초청 학교 강연회를 듣고 나서 외교관이 되겠다는 꿈을 키워 나갔다. 그 이후 외교관의 필수 역량인 영어와 관련된 분야에 대한 관심과 지속적인 노력을 기울였고 그런 노력의 결과 전국에서 4명 뽑는 미국 방문 프로그램에 선발, 미국을 방문하여 케네디 대통령을 만나게 되었다. 그는 자신이 어렸을 때 꾸었던 꿈을 포기하지 않고 꾸준히 실천한 결과, 마침내 외교관이 되었고 지금은 국제사회의 최고위 외교관으로 불리는 유엔 사무총장이 되었다.

"나는 안 될 것이다. 지금은 어려울 것이다."라는 마음으로 잽싸게 접어 버리고 하기 싫은 일을 어쩔 수 없이 억지로 하고 있다면 자신뿐만 아니라 당신을 만나는 사람들이 행복할 수 없다.

"목표를 접지 말고 정진하라. 그렇지 않으면 먼 훗날 우리는 인생을 후회하게 될 것이다."라는 말을 증명이라도 하듯이 귀감이 되는 인물이 영국에서 탄생했다. 36세에 휴대 전화 외판원에서 자신이 꿈꾸던 성악가의 목표를 이룬 폴 포츠Paul Potts이다. 그는 2007년 6월 영국 ITV의 '브리튼즈 갓 탤런트Britains got talent' 프로그램에서 우승을 차지하면서 일약 스타가 되었다. 그의 세련되지 못한 외모와 고르지 못한 치아는 심사위원들을 만족시킬 만한 좋은 인상은 아니었다. 그의 그런 모습을 본 심사위원들은 처음에는 '한 번 부르고 싶으면 해보든가?'라는 냉담한 표정을 지었다. 그러나 그가 푸치니 오페라 '투란도트' 중에서 가장 알려진 'Nesun Dorma(공주는 잠 못 들고)'를 부르는 순간 1,350만 명의 시청자들은 매료되었고 그는 결국 우승을 거머쥐었다. 이후 그의 데뷔 앨범은 영국에서 2주 만에 30만 장 이상 팔려나갔으며 UK 차트에서 정상을 차지했다.

폴 포츠의 꿈은 11살 때 시작되었다. 영화 학교에 견학을 갔다가 차이코프스키 음악을 듣게 되었는데 그때부터 오페라에 관심을 가지고 오페라 성악가가 되겠다는 꿈을 줄곧 키워왔다. 그는 많은 사람들에게 "꿈을 가져라. 내가 해낸 것을 여러분 자신도 할 수 있다는 희망을 가져라. 사람의 앞일은 어떻게 될지 아무도 모른다. 나중에 후회 없는 삶을 살기 위해서는 뒤를 돌아보지 말고 앞으로 밀고 나가라."라고 말한다.

그의 이야기가 더욱 마음에 와 닿는 것은 때로는 좌절을 느낄 만한 상황에서도 희망을 잃지 않고 결국 자신의 꿈을 이룬 것을 보여주었기 때문일 것이다. 한때 우리나라에서는 유명 인사들의 학력 위조 파문이 심각한 사회 문제가 떠오른 적이 있었다. 이 사건은 학벌이나 간판이 있어야 출세할 수 있고 좋은 학교를 나와야 인정받을 수 있다고 생각하는 우리의 사고방식에 경각심을 불러일으켰다. 그러나 폴 포츠가 오로지 실력만으로 우승을 차지한 것은 목표를 향한 끊임없는 열정과 실천이 있다면 언젠가 원하는 자리에 오를 수 있다는 것을 보여주는 귀감이 된다. 학벌이나 조건을 탓하고 의기소침했던 많은 사람들에게 '나도 할 수 있다'는 용기를 주는 좋은 사례이다.

여러분은 어린 시절, 젊은 시절에 꾸었던 꿈을 이루었는가? 아니면 지금도 늦은 나이는 아닌데 너무 빨리 포기하려는 것은 아닌가?

〈Secrets of Self-made Millionaires(자수성가한 백만장자의 비밀)〉의 저자인 브라이언 트레이시Brain Tracy는 존 고다드와 같이 "꿈에 관한 목록을 만들라."라고 권유하면서 "종이 한 장을 꺼내어 원하는 꿈의 목록을 만들어보면 성공에 더 빨리 도달할 수 있다."라고 강조한다. 목표를 명확히 계획을 세워서 실천을 하는 당신은 점점 변화될 것이며 꿈이었던 것들이 언젠가 현실로 나타나게 될 것이다.

여러분도 존 고다드처럼 자신의 꿈의 목록을 적어보라. 다시 한 번 여러분의 진정한 삶의 목표를 성취하기 위해 정리하여 글로 써보기를 진심으로 바란다.

실천 체크리스트

다음 항목에 대해 자신의 점수를 매긴 후 합계를 구해 보세요.

매우 그렇다 : 10점 / 보통이다 : 5점 / 그렇지 않다 : 0점

Total

		0점	5점	10점
1	자신의 목표를 글로 기록하는 편인가?			
2	목표를 세울 때 구체적이고 명확하게 세우는 편인가?			
3	목표가 있다면 열정적으로 실천하고 있는가?			
4	실패는 누구에게나 있을 수 있다고 생각하며, 설사 실패하더라도 곧 일어설 수 있는 힘이 있는가?			
5	실천적인 현실의 삶이 긍정적인 미래를 보장한다고 생각하는가?			
6	자신의 생각이나 아이디어를 수시로 메모하는가?			
7	당장에 꿈을 이루지 못한다고 하여 조급함을 느끼지 않고 인내심을 가지고 상황에 대처하는가?			
8	현재의 모습을 자주 점검하고 미래를 준비하고 있는가?			
9	계획을 세워서 실천적 의지로 목표를 이루고 성취감을 느껴본 경험이 많은가?			
10	원하는 결과가 나오지 않더라도 꿈을 버리거나 낮추지 않고 노력하는가?			

이 세상에 자신의 목표를 위해 끊임없이 실천하여 성취한 사람들이 얼마나 될까? "해야 한다는 생각은 있었지만 실천에 옮기지 못했다.", "생각만 하다 보니 시간만 이렇게 흘러 버렸다.", "나이가 많아져서 이제는 할 수 없어서 그때 했어야 했는데 아쉽다." 라고 인생을 반성하는 소리를 주변에서 종종 듣게 된다. 후회 없는 미래를 살기 위해서는 '지금 삶의 목표를 정리하고 글로 작성할 때 꿈에 도달할 확률이 훨씬 더 높아진다.' 는 것을 기억해야 한다.

100~90점 자기 긍정이 강하며 할 수 있다는 자신감에 차 있다

어떤 상황이나 장벽도 당신에게는 장애물이 아니며 반드시 뛰어넘어야 하는 하나의 과정일 뿐이라고 받아들인다. 언제나 자기 계발에 힘쓰고 노력하는 모습은 많은 사람들에게 귀감이 되고 있다. 자신의 목표를 이루기 위한 노력과 실천적 삶이 습관이 된 당신은 언제나 인생이 즐거울 것이다.

89~70점 자기 자신에 대한 믿음을 가지고 있으나 실천력이 좀 더 뒷받침되어야 한다

때로는 포기하고 싶은 마음에 적당히 타협을 하고 있지는 않은가? 그러나 실천하지 않고 적당한 모습으로 나태와 타협을 하는 순간, 어떤 결과가 나올지를 예측한다면 결과가 좋을 리는 없다는 것을 뻔히 알 수 있다. 그렇다면 지금의 태도를 반성하고 즐거운 마음으로 실천해 나가야 하는 것이 절대적으로 필요한 자세이다. 종종 나태해지고 있는 자신을 느낀다면 자신의 꿈꾸는 미래를 한 번 생각해 보라. 굳이 누가 시키지 않아도 당신의 미래를 위해 달려가고 있을 것이다.

70점 미만 인생의 태도를 능동적으로 희망찬 모습으로 바꿔야 한다

당신은 어떤 자세로 인생을 살아가는기? 너무 소극적이고 자신감이 없어서 아에 해보지도 않고 주저앉아 있는 것은 아닌가? 아니면 세상을 원망하면서 계속 투덜거리면서 자신의 인생을 탓하고 있지는 않은가? 나의 태도가 바뀌지 않으면 세상은 바뀌지 않고 인생은 나아질 수 없다. 지금부터 부정적이고 소극적인 태도는 당장 멈추고 삶의 진정한 목표가 무엇인지 고민하라. 그 목표를 글로 옮기고 당장 실천적 전략을 세워라. 투덜거리기엔 우리의 인생이 너무도 짧다. 작은 일부터 실천하고 당신의 것으로 성취될 수 있기를 진심으로 바란다.

비즈니스 매너에
날개를 달자

초판 1쇄 펴낸날 2009년 3월 15일

지은이 강희선
펴낸이 이문철
기획 윤은숙, 박정선, 김윤정
마케팅 서준호
경영지원 이준경
북디자인 디박스
일러스트 오성수
교정 신정진

펴낸곳 영진미디어
출판등록 2004. 2. 5. 제406-2007-00032호
주소 경기도 파주시 교하읍 문발리
    출판문화정보산업단지 504-3
전화 031)955-4955
팩스 031)955-4959
문의 book@yjmedia.net
홈페이지 www.yjbooks.com

ⓒ 2009. 강희선
ISBN 978-89-91228-65-8

값 12,000원

이 책을 무단으로 복사, 복제, 전재하는 것은 저작권법에 저촉됩니다.